GUÍA DEL PROFESORADO

El trabajo forzado en la dictadura franquista

Sergio Riesco Roche
Edurne Beaumont Esandi
Germán Esparza Larramendi

INSTITUTO NAVARRO DE LA
MEMORIA
REN NAFARROAKO INSTITUTUA

Gobierno de Navarra
Nafarroako Gobernua

Título: El trabajo forzado en la dictadura franquista.

Autoría: Sergio Riesco Roche, Edurne Beaumont Esandi, Germán Esparza Larramendi

1.ª edición, 2025

Edita: Gobierno de Navarra. Dirección General de Memoria y Convivencia. Instituto Navarro de la Memoria

@ Sergio Riesco Roche, Edurne Beaumont Esandi, Germán Esparza Larramendi

@ Gobierno de Navarra

Fotografía de cubierta: Foto de barracón en Lesaka (cedida por el prisionero Ángel Santesteban, prisionero en el BDST 14).

Fotografías:

Pag. 6. Memoria del PCNSM, 1952. Vista del taller textil, con monja mercedaria al fondo.

Pag. 10. Obreros en el pantano de Luna, donde se usó mano de obra reclusa. Club Xeitu.

Pag. 32. Pola de Gordón (León), 1937. Prisioneros vascos trabajando en la construcción de una carretera. BNE, Biblioteca Digital Hispánica. GC-CAJA/89/9.

Pag. 63. Gallarta (Bizkaia), 1938. Prisioneros en el Batallón de Trabajadores 1, en las minas. BNE, Biblioteca Digital Hispánica, GC-CAJA/8/20.

Pag. 64. Errenteria Oiartzun Lezo (Gipuzkoa), 1941-1942. Reparto de rancho Batallón Disciplinario de Soldados Trabajadores 38 BDST. Centro Documental del Socialismo Vasco. Colección Luis Ortiz Alfau. ES.48020.ASV. ILOA/3.0.1//007 y ES.48020. ASV.ILOA/3.0.1//006.

Pag. 92. San Pedro de Cardeña (Burgos), 1938. Prisioneros republicanos de las Brigadas Internacionales en el campo de concentración. BNE, Biblioteca Digital Hispánica. GC-CAJA/8/6 /35.

Diseño y maquetación: Kö estudio

Impresión: Gráficas Alzate

DL NA 23-2025

ISBN: 978-84-235-3716-7

Las versiones impresas no contienen las URL de los recursos web referenciados. Para ello es necesario utilizar la versión en PDF. Puede descargarse la *Guía del profesorado* y las dos guías del alumnado en PDF en el siguiente enlace:
https://pazyconvivencia.navarra.es/es/el-trabajo-forzado-en-la-dictadura-franquista

ESCANEA EL QR

Índice

Introducción: dos situaciones de aprendizaje sobre los trabajos forzados en la dictadura franquista   **7**

Bases curriculares y didácticas de las propuestas   **11**

Justificación y objeto   12

Unas propuestas enmarcadas en la Agenda 2030   12

Objetivos de aprendizaje y competencias clave   13

Competencias específicas y saberes básicos   14

Orientaciones metodológicas   21

Orientaciones sobre implementación y uso de las tecnologías de la información y la comunicación   23

Criterios de evaluación según las competencias específicas   24

Medidas de atención a la diversidad   29

Cómo convertir esta situación de aprendizaje en un proyecto de centro o en un proyecto con otros centros   30

Guía para el profesorado: El trabajo forzado en la dictadura franquista   **33**

El contexto histórico   34

Guía de investigación y actividades. Secuenciación temporal   36

Actividades propuestas   37

Rúbrica para evaluación del trabajo en equipo y del trabajo realizado   49

Breve glosario   50

Para saber más: Bibliografía, webs, documentales   52

Anexo 1. Relación de obras e infraestructuras que se deben al trabajo forzado durante la dictadura franquista por provincias   55

Anexo 2. Fuentes para el alumnado   57

Guía para el profesorado: Las mulas de la Nueva España. Trabajo forzado en la fortificación del Pirineo (1939-1942)   **65**

El contexto histórico   66

Guía de investigación y actividades. Secuenciación temporal   71

Actividades propuestas   73

Rúbrica para evaluación del trabajo en equipo y del trabajo realizado   78

Para saber más: Bibliografía, webs, documentales   79

Anexo 1. Fuentes para el alumnado   80

Anexo 2. Mapa trabajos forzados en Navarra (1937-1942)   92

Anexo 3. Coordenadas para geolocalización   93

Introducción:
dos situaciones de aprendizaje sobre los trabajos forzados en la dictadura franquista

En el año 1930 ya existía la Organización Internacional del Trabajo, hoy parte integrante de Naciones Unidas. Desde entonces, ha mantenido siempre la definición que acuñó para describir el trabajo forzoso: «todo trabajo o servicio exigido a un individuo bajo la amenaza de una pena cualquiera y para el cual dicho individuo no se ofrece voluntariamente». A la pregunta de si ha existido trabajo forzoso —o quizá mejor forzado o esclavo— a lo largo de la historia de España sabemos que la respuesta es un sí rotundo. Pero más bien pensaríamos en duros castigos propios de la Edad Moderna como la condena a galeras o los abusos sobre los pueblos originarios durante la colonización de América. Sin embargo, durante el siglo XX, y más en concreto durante la guerra civil y la dictadura franquista, formaron parte de esa represión sistémica que se extendió a lo largo y ancho de todo el Estado.

Llama la atención cómo está de integrada en el imaginario colectivo la consciencia sobre el Holocausto nazi y la brutalidad de los campos de concentración... y de trabajo forzado. Porque no se pueden entender los unos sin los otros como parte del plan de exterminio. Sin embargo, en el caso español, como afirman los especialistas, se trata de un proceso conocido pero no reconocido. Aproximadamente, no menos de 200.000 personas —y por ende sus familias— tuvieron que desempeñar trabajos forzados como consecuencia de ser etiquetadas de desafectas al régimen franquista o como parte de la condena en un consejo de guerra. Lo hicieron en obras de reconstrucción, en fortificaciones militares, en minas o en la construcción de infraestructuras ferroviarias y en otros muchos trabajos bajo la discrecionalidad de una dictadura implacable con los vencidos. Y lo hicieron trabajando para el Estado o para empresas privadas que se beneficiaron de un sistema que les proveía de mano de obra barata y carente de cualquier derecho en su condición de trabajadores. En otros lugares, como en Alemania, tanto

Trabajadores del destacamento penal de Bustarviejo. Archivo de la Asociación de Memoria Histórica Los Barracones, Bustarviejo (Madrid).

las empresas como el Estado han tenido que involucrarse en el reconocimiento y pago de indemnizaciones a las víctimas en un proceso que terminó en el año 2001.

Sea por deber o por derecho, la legislación vigente en materia de memoria (tanto la LF 33/2013 como la LO 20/2022) y la legislación educativa (LO 3/2020 y los decretos forales de desarrollo) recogen como algo sustantivo el estudio y análisis de nuestra memoria democrática para asentar los valores cívicos y contribuir en la formación de ciudadanas y ciudadanos más libres, tolerantes y con sentido crítico. Esta propuesta didáctica, dedicada al trabajo forzado, ofrece diversas posibilidades de abordaje: desde la atención general a ese componente de la política represiva a un acercamiento a *Las mulas de la Nueva España* para entender los trabajos de fortificación en el Pirineo en el contexto de la II Guerra Mundial. Además, se ofrece al profesorado con vocación de flexibilidad: para estar dedicada a un nivel o a varios; solo para Navarra o también para otras comunidades autónomas; a una materia o a otras diferentes; a formar parte de un proyecto de centro o integrarse en una agrupación educativa. Sea como fuere, la idea es que el profesorado disponga de materiales que le permitan enfocar estas temáticas con garantías de rigor y de aplicabilidad.

Desde 2018, el Instituto Navarro de la Memoria, a través de diversos programas, muy en especial mediante «Escuelas con Memoria», trata de ser un vehículo que facilite la comunicación entre la educación y las diferentes sensibilidades que coinciden en una historia compleja pero fundamental para entender nuestro presente. Esperamos que toda la comunidad educativa encuentre respuestas, y también nuevas preguntas, en estos materiales preparados por tres personas que aúnan su condición de docentes de Educación Secundaria comprometidos con la renovación epistemológica y didáctica y su conocimiento experto sobre la cuestión de los trabajos forzados.

Bases curriculares y didácticas de las propuestas

Justificación y objeto

Estas dos situaciones de aprendizaje permiten abordar el período de la dictadura franquista utilizando como hilo conductor el trabajo forzado. El eje temático central es el traumático siglo xx y la singularidad del caso español: una larga dictadura que tuvo la represión como seña de identidad. Lo que se propone es comprender ese período tan duro y complejo de nuestra historia a través de una de las manifestaciones de esa represión sistémica.

Una propuesta flexible que permite mejorar las competencias.

La propuesta tiene una vocación flexible y, ante todo, participativa. Debe ser el alumnado el que construya su conocimiento a partir del trabajo de investigación. Se puede proponer para 4.º de ESO o para los cursos de Bachillerato: para Historia del Mundo Contemporáneo (1.º de Bachillerato), Geografía e Historia de Navarra (1.º o 2.º de Bachillerato) e incluso para Historia de España (2.º de Bachillerato).

Además de abordarla como una situación de aprendizaje únicamente para el currículo de Historia, se ofrecen herramientas y orientaciones para convertirla en un proyecto colaborativo con otras áreas, e incluso con otros centros.

También puede ser un proyecto que se enfoque utilizando diferentes escalas geográficas de análisis, puesto que el trabajo forzado atraviesa todos los territorios y es visible en casi todos los lugares del Estado, como se podrá comprobar en el anexo de esta guía. La primera de las dos situaciones presentadas tiene un carácter más general, y la segunda se centra más específicamente en Navarra. En todo caso, no será difícil extrapolar estas propuestas a otros territorios.

Unas propuestas enmarcadas en la Agenda 2030

El hecho de que el alumnado sea agente de su propio proceso hace que esta propuesta case bien con el Diseño Universal para el Aprendizaje (DUA). Según la legislación, las situaciones de aprendizaje «deben fomentar aspectos relacionados con el interés común, la sostenibilidad o la convivencia democrática». Por ello, esta unidad aspira a incorporar un carácter inclusivo que dé sentido a esos tres aspectos. Así, tratará de incluir, tal y como se recomienda por las instituciones supranacionales, un lenguaje universal accesible que resulte inclusivo desde cualquier ámbito. Este enfoque tiene presente también los Objetivos de Desarrollo Sostenible. El hecho de trabajar estos temas en el aula y el enfoque que se pretende dar contribuyen a los ODS, en concreto al n.º 4, Educación de Calidad, y al n.º 5, relativo a la Igualdad de Género. Que el estudio de los procesos traumáticos se convierta en algo que trascienda y sea compartido por quienes aspiran a formar una ciudadanía democrática contribuye a la consecución del n.º 16: Paz, justicia e instituciones sólidas.

Objetivos de aprendizaje y competencias clave

Competencia clave	Objetivo
Comunicación lingüística (CCL)	Acceder al vocabulario propio relacionado con los Derechos Humanos y la Memoria Democrática.
Competencia digital (CD)	Utilizar de forma responsable y comprometida las fuentes digitales disponibles para crear un aprendizaje significativo.
Competencia emprendedora (CE)	Elaborar un proyecto propio de investigación, en pequeños grupos, donde se experimente con el método científico a pie de obra.
Competencia personal, social y de aprender a aprender (CPSAA)	Explicar los pasados traumáticos desde una perspectiva global, incluida la de género, a partir de las experiencias del siglo xx.
Competencias en conciencia social y expresión cultural (CCEC)	Conocer la Declaración Universal de los Derechos Humanos, en especial todo lo relativo a la no repetición.
Competencia ciudadana (CC)	Fomentar una conciencia crítica sobre el pasado para construir una ciudadanía comprometida en el presente.

Competencias específicas y saberes básicos

1. Educación Secundaria Obligatoria

Como marco general, nos atenemos a las competencias específicas y saberes básicos del currículo del Ministerio de Educación (Real Decreto 217/2022, de 29 de marzo), por el que se establece la ordenación y las enseñanzas mínimas de la Educación Secundaria Obligatoria. La Comunidad Foral de Navarra ha adaptado este marco legal mediante el Decreto Foral 71/2022, de 29 de junio, por el que se establece el currículo de las enseñanzas de la etapa de Educación Secundaria Obligatoria en la Comunidad Foral de Navarra.

Cada docente puede adaptar todo aquello que le sea útil a las condiciones específicas que marque la legislación vigente en la comunidad autónoma donde trabaje.

Competencias específicas y conexión con los descriptores del perfil de salida:

N.º	Competencia Específica	Descriptores con los que se conecta
1	Buscar, seleccionar, tratar y organizar información sobre temas relevantes del presente y del pasado, usando críticamente fuentes históricas y geográficas, para adquirir conocimientos, elaborar y expresar contenidos en varios formatos.	CCL2, CCL3, STEM4, CD1, CD2, CC1.
2	Indagar, argumentar y elaborar productos propios sobre problemas geográficos, históricos y sociales que resulten relevantes en la actualidad, desde lo local a lo global, para desarrollar un pensamiento crítico, respetuoso con las diferencias, que contribuya a la construcción de la propia identidad y a enriquecer el acervo común.	CCL1, CCL2, CD2, CC1, CC3, CE3, CCEC3.
5	Analizar de forma crítica planteamientos históricos y geográficos explicando la construcción de los sistemas democráticos y los principios constitucionales que rigen la vida en comunidad, así como asumiendo los deberes y derechos propios de nuestro marco de convivencia, para promover la participación ciudadana y la cohesión social.	CCL5, CC1, CC2, CCEC1.
7	Identificar los fundamentos que sostienen las diversas identidades propias y las ajenas , a través del conocimiento y puesta en valor del patrimonio material e inmaterial que compartimos para conservarlo y respetar los sentimientos de pertenencia, así como para favorecer procesos que contribuyan a la cohesión y solidaridad territorial en orden a los valores del europeísmo y de la Declaración Universal de los Derechos Humanos.	CP3, CPSAA1, CC1 CC2, CC3, CCEC1.
9	Conocer y valorar la importancia de la seguridad integral ciudadana en la cultura de convivencia nacional e internacional, reconociendo la contribución del Estado, sus instituciones y otras entidades sociales a la ciudadanía global, a la paz, a la cooperación internacional y al desarrollo sostenible, para promover la consecución de un mundo más seguro, solidario, sostenible y justo.	CCL2, CC1, CC2, CC3, CC4, CE1, CCEC1.

Saberes básicos

Pertenecen al bloque B de los saberes básicos vinculados a la materia de Geografía e Historia para 3.º y 4.º de ESO.

B. Sociedades y territorios

B1.   Métodos de investigación en el ámbito de la geografía y de la historia. Metodologías del pensamiento histórico y del pensamiento geográfico.

B2.   Las fuentes históricas como base para la construcción del conocimiento sobre el pasado contemporáneo. Contraste entre interpretaciones de historiadores.

B5.   Conciencia histórica. Elaboración de juicios propios y argumentados ante problemas de actualidad contextualizados históricamente. Defensa y exposición crítica de los mismos a través de presentaciones y debates.

B6.   Las relaciones internacionales y estudio crítico y comparativo de conflictos y violencias de la primera mitad del siglo xx. El Holocausto.

B7.   Relaciones multicausales en la construcción de la democracia y los orígenes del totalitarismo: los movimientos por la libertad, la igualdad y los derechos humanos. La acción de los movimientos sociales en el mundo contemporáneo. Procesos de evolución e involución: la perspectiva emancipadora de la interpretación del pasado.

B21. La memoria democrática. Experiencias históricas dolorosas del pasado reciente y reconocimiento y reparación a las víctimas de la violencia. El principio de Justicia Universal.

Monolito en el alto de la carretera Igal-Vidángoz en homenaje a los prisioneros que comenzaron su construcción entre los años 1939 y 1941. Asociación Memoriaren Bideak.

2. Bachillerato

El marco general son las competencias específicas del Real Decreto 243/2022, de 5 de abril, por el que se establece la ordenación y las enseñanzas mínimas de Bachillerato. La Comunidad Foral de Navarra ha adaptado este marco legal mediante el Decreto Foral 72/2022, de 29 de junio, por el que se establece el currículo de las enseñanzas de la etapa de Bachillerato en la Comunidad Foral de Navarra.

Lógicamente, aquí disponemos de más variedad de materias afines, puesto que esta situación de aprendizaje podría aplicarse tanto en Historia del Mundo Contemporáneo (1.º de Bachillerato, modalidad de Humanidades y Ciencias Sociales) como en la materia optativa Geografía e Historia de Navarra. Del mismo modo, aun reconociendo la dificultad de impartir los contenidos de cara a las pruebas de acceso a la Universidad, la situación encaja perfectamente en los contenidos de Historia de España de 2.º de Bachillerato.

En cualquier caso, cada docente puede adaptar todo aquello que le sea útil a las condiciones específicas que marque la legislación vigente en la comunidad autónoma donde trabaje.

Competencias específicas y conexión con los descriptores del perfil de salida (por asignaturas):

I. HISTORIA DEL MUNDO CONTEMPORÁNEO

N.º	Competencia Específica	Descriptores del perfil de salida con los que se conecta
1	Reconocer los movimientos, acciones y transformaciones históricas que han contribuido al afianzamiento de la libertad en el mundo contemporáneo, a través del estudio comparado de casos y el uso correcto de términos y conceptos históricos, para valorar los logros que suponen los sistemas democráticos como principal garantía para la convivencia y el ejercicio de los derechos fundamentales.	CCL2, STEM2, CPSAA1.1, CC1, CC2, CC3, CE1.
2	Tomar conciencia del grado de violencia, barbarie y destrucción de los conflictos de la Edad Contemporánea, a través del empleo de fuentes históricas fiables, la lectura de textos historiográficos y la elaboración de argumentos propios que prevengan la manipulación de la información, para afrontar acontecimientos traumáticos de nuestro pasado reciente, evitar la repetición de hechos semejantes, reconocer a las víctimas y defender la aplicación del principio de Justicia Universal.	CCL1, CCL5, CPSAA1.1, CPSAA3.1, CPSAA4, CC1, CC2, CC3.
7	Interpretar la función que han desempeñado el pensamiento y las ideologías en la transformación de la realidad desde los orígenes de la Edad Contemporánea hasta la actualidad, a través de la aproximación a la historiografía y a los debates sobre temas claves de la historia, para valorar críticamente los distintos proyectos sociales, políticos y culturales generados, las acciones llevadas a cabo y las experiencias vividas, desde la perspectiva ética contenida en la Declaración Universal de los Derechos Humanos.	CCL3, CCL5, CD3, CPSAA1.2, CPSAA3.1, CPSAA4, CC2, CC3.
8	Describir y analizar los cambios y permanencias que se han producido en la sociedad contemporánea, los comportamientos demográficos, los modos de vida y el ciclo vital, prestando especial interés a la situación de la mujer, a los roles de género y edad, a los mecanismos de control, dominio y sumisión, y a la lucha por la dignidad y contra la discriminación, realizando proyectos de investigación y aplicando el pensamiento histórico para reconocer el valor e importancia de los personajes anónimos de la historia.	CCL5, STEM3, CD2, CPSAA1.2, CPSAA3.1, CPSAA4, CC2, CC3.

Búnkeres de Quinto Real / Kinto. Iñaki Vigor.

Saberes básicos

A. Sociedades en el tiempo

A1. El trabajo del historiador: fuentes históricas, historiografía y narrativas del pasado. Argumentación histórica. Relevancia, causas y consecuencias, cambio y continuidad. Perspectiva histórica en las narrativas sobre el pasado.

A8. Las utopías revolucionarias y los proyectos de transformación social: los movimientos democráticos, republicanos y socialistas de los siglos xix. y xx. El papel de los exiliados políticos.

A9. La evolución histórica de la clase trabajadora y de las organizaciones obreras: experiencias y conflictos en defensa de los derechos laborales y la mejora de las condiciones de vida.

A10. Acción colectiva, movimiento de masas y liderazgo político en el siglo xx: nacimiento y funcionamiento de los regímenes democráticos y totalitarios. Fascismo, nazismo y otros movimientos autoritarios en los siglos xx y xxi.

A13. Los conflictos fratricidas en el mundo contemporáneo: pasados traumáticos y memoria colectiva. Reconocimiento, reparación y dignificación de las víctimas de la violencia.

A14. Transiciones políticas y procesos de democratización en los siglos xx y xxi. La memoria democrática.

B. Retos del mundo actual

B11. Los retos de las democracias actuales: corrupción, crisis institucional y de los sistemas de partidos, tendencias autoritarias y movimientos antisistema.

C. Compromiso cívico

C1. Conciencia y memoria democrática: conocimiento de los principios y normas constitucionales, ejercicio de los valores cívicos y participación ciudadana. Conocimiento y respeto a los principios y normas de la Declaración Universal de los Derechos Humanos. La memoria democrática en el marco del derecho internacional humanitario: verdad, justicia, reparación y garantía de no repetición.

C8. Conservación y difusión del patrimonio histórico: el valor patrimonial, social y cultural de la memoria colectiva. Archivos, museos y centros de divulgación e interpretación histórica.

GEOGRAFÍA E HISTORIA DE NAVARRA

N.º	Competencia específica	Descriptores del perfil de salida con los que se conecta
4	Tomar conciencia de la diversidad social a través del análisis multidisciplinar de los cambios y continuidades de la sociedad navarra a lo largo del tiempo, la evolución de la población, los niveles y modos de vida para debatir sobre problemas actuales, valorar la diversidad cultural y mostrar actitudes respetuosas ante ideas legítimas diferentes a las propias.	CCL2, CCL4, STEM4, CD1, CPSAA4, CC1, CC3, CCEC2.
6	Incorporar la perspectiva de género en el análisis de la Navarra actual y de su historia, a través de la contextualización histórica de fuentes literarias y artísticas y la investigación sobre el movimiento feminista, para reconocer su presencia en la historia y promover actitudes en defensa de la igualdad efectiva de mujeres y hombres.	CCL4, CPSAA1.1, CPSAA1.2, CPSAA3.1, CC2, CC3, CEC1, CEC2.
7	Conocer y valorar el patrimonio histórico-artístico en el ámbito local y de la comunidad, analizando ejemplos concretos de su aprovechamiento y sus funciones, para contribuir a su conservación, su uso comprometido a favor de la consecución de los Objetivos de Desarrollo Sostenible, su promoción como elemento conformador de la identidad individual y colectiva, y como dinamizador de la cultura y la economía.	CPSAA4, CC1, CC2, CC3, CE1, CCEC1, CCEC2, CCEC3.2.

Saberes básicos

B. Navarra en el tiempo

B9. Siglo xx. El siglo de los fascismos y la construcción europea. La II República y las reformas autonómica, agraria, religiosa... El golpe de Estado de 1936 en Navarra. La Guerra Civil y la dictadura franquista: la represión, la resistencia, el exilio, el papel de la Iglesia y los movimientos de protesta contra la dictadura en Navarra. Exhumaciones tempranas en Navarra e iniciativas por la justicia y la reparación. Transición y democracia. Protagonistas femeninas individuales.

C. Navarra, actualidad y retos

C1. Memoria democrática: reconocimiento de las acciones y movimientos en favor de la libertad en la historia contemporánea de Navarra, la creación del Instituto Navarro de la Memoria y su labor, conciencia de hechos traumáticos del pasado y la no repetición de situaciones violentas y dolorosas. Reparación de las víctimas de la violencia.

HISTORIA DE ESPAÑA

N.º	Competencia específica	Descriptores del perfil de salida con los que se conecta
1	Valorar los movimientos y acciones que han promovido las libertades en la historia de España, utilizando términos y conceptos históricos, a través del análisis comparado de los distintos regímenes políticos, para reconocer el legado democrático de la Constitución de 1978 como fundamento de nuestra convivencia y garantía de nuestros derechos.	CCL2, CPSAA1.2, CPSAA3.1, CC1, CC2.
4	Tomar conciencia de la diversidad social a través del análisis multidisciplinar de los cambios y continuidades de la sociedad española a lo largo del tiempo, la evolución de la población, los niveles y modos de vida, las condiciones laborales y los movimientos y conflictos sociales, para valorar el alcance de las medidas adoptadas y los progresos y limitaciones para avanzar en la igualdad, el bienestar, la justicia y la cohesión social.	CCL2, CCL4, STEM4, CD1, CPSAA4, CC1, CC3, CCEC2.
5	Analizar críticamente el papel de las creencias y de las ideologías en la articulación social, en el uso del poder y en la configuración de identidades y proyectos políticos contrapuestos, a través del estudio de fuentes primarias y textos historiográficos y la fundamentación de juicios propios, para debatir sobre problemas actuales, transferir conocimiento, valorar la diversidad cultural y mostrar actitudes respetuosas ante ideas legítimas diferentes a las propias.	CCL3, STEM4, CPSAA3.1, CPSAA4, CC1, CC2, CC3, CCEC1.
8	Valorar el patrimonio histórico y cultural como legado y expresión de la memoria colectiva, identificando los significados y usos públicos que reciben determinados acontecimientos y procesos del pasado, por medio del análisis de la historiografía y del pensamiento histórico, para el desarrollo de la iniciativa, del trabajo en equipo, de la creatividad y de la implicación en cuestiones de interés social y cultural.	STEM3, CPSAA1.1, CPSAA3.1, CPSAA3.2, CC1, CC3, CE3, CCEC3.2.

Saberes básicos

A. Sociedades en el tiempo

A1. El trabajo del historiador, la historiografía y la metodología histórica. Conciencia histórica y conexión entre el pasado y el presente. Usos públicos de la historia: las interpretaciones historiográficas sobre determinados procesos y acontecimientos relevantes de la historia de España y el análisis de los conocimientos históricos presentes en los debates de la sociedad actual.

A8. El papel de los exilios en la España contemporánea y su contribución a la construcción de la Europa de las libertades.

A15. El golpe de estado de 1936, la Guerra Civil y el franquismo: aproximación a la historiografía sobre el conflicto y al marco conceptual de los sistemas totalitarios y autoritarios. Fundamentos ideológicos del régimen franquista, relaciones internacionales y etapas políticas y económicas. La represión, la resistencia, el exilio y los movimientos de protesta contra la dictadura por la recuperación de los valores, derechos y libertades democráticas.

Irun (Gipuzkoa). 1938. Prisioneros republicanos en formación. Biblioteca Digital Hispánica. Biblioteca Nacional de España. GC-CAJA/85/5/4.

Saberes básicos

B. Retos del mundo actual

B1. Memoria democrática: reconocimiento de las acciones y movimientos en favor de la libertad en la historia contemporánea de España, conciencia de los hechos traumáticos y dolorosos del pasado y del deber de no repetirlos. Reconocimiento, reparación y dignificación de las víctimas de la violencia y del terrorismo en España. Las políticas de memoria en España. Los lugares de memoria.

C. Compromiso cívico

C1. Conciencia democrática: conocimiento de los principios y normas constitucionales, ejercicio de los valores cívicos y participación ciudadana.

C8. Conservación y difusión del patrimonio histórico: el valor patrimonial, social y cultural de la memoria colectiva. Archivos, museos y centros de divulgación e interpretación histórica.

Orientaciones metodológicas

Estas propuestas didácticas pretenden fomentar tanto el protagonismo del alumnado en su proceso de aprendizaje como el aprendizaje cooperativo. Así, las actividades se desarrollarán en grupos de trabajo dentro del aula. La metodología será la del programa CA/AC, que potencia las relaciones entre iguales y facilita un clima de trabajo propicio para el desarrollo personal y del aprendizaje [Pujolàs, P., Lago, J. (coord.). *El Programa CA/AC (Cooperar para Aprender/Aprender a Cooperar) para enseñar a aprender en equipo. Implementación del aprendizaje cooperativo en el aula*. Universidad de Vic, 2018]. Esta metodología potencia las relaciones entre iguales y facilita un clima de trabajo propicio para el desarrollo personal y del aprendizaje.

Esta forma de trabajar no solo potencia la adquisición de los contenidos específicos propuestos en estas dos situaciones de aprendizaje, sino que contribuye a la adquisición de valores centrales que se trabajan en ella como la solidaridad, la ayuda mutua o el respeto por las demás personas.

El alumnado que participa en las actividades de la unidad didáctica lo hace como protagonista en todo el proceso independientemente de su grado de autonomía en el aprendizaje. Además, el entorno metodológico de grupo cooperativo contribuye a crear un clima más favorable para todo el alumnado, seas cuales sean sus necesidades educativas.

A la hora de establecer los grupos, puede ocurrir que haya grupos constituidos en el propio centro, si hay en él tradición de trabajo cooperativo. Si no es así, el o la docente tendrá que prestar especial atención a la configuración de los mismos. Para ello podrá recurrir a las siguientes pautas:

- Las agrupaciones se formarán entre cuatro y cinco alumnos/as.
- La composición deberá ser heterogénea en cuanto a género y origen.

Cada grupo tiene que tratar de reproducir las características del grupo-clase en cuanto a capacidad, motivación y rendimiento.

Se procurará que un integrante del equipo tenga un nivel alto con relación al colectivo, dos con un nivel intermedio y otro con un nivel más bajo.

El alumnado es protagonista de todo el proceso de aprendizaje, en un entorno cooperativo.

Distribución más adecuada a la hora de aprender algo nuevo.

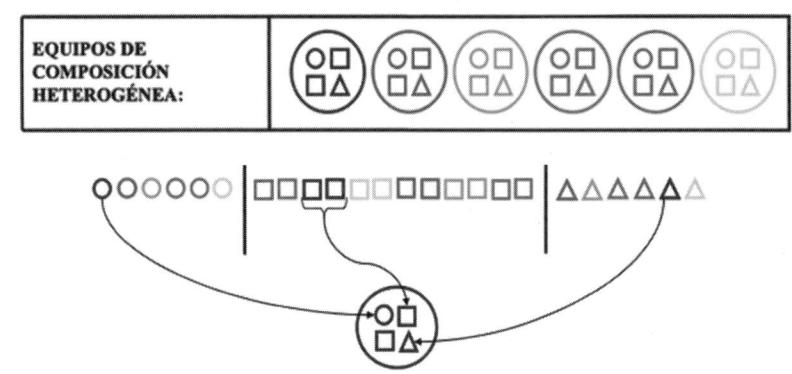

Una invitación a la participación de toda la comunidad de aprendizaje y a la visita de lugares de memoria.

- Se recomienda utilizar la herramienta del sociograma dentro de la acción tutorial como base para la elaboración de las agrupaciones.

El/la docente procurará tener en cuenta que exista una corriente afectiva que predisponga a la ayuda mutua en lugar de a la competición.

Como comunidad de aprendizaje, la colaboración de familiares, personal del centro, etc., resulta fundamental, debiendo buscar formas de participación en el aula y/o fuera de ella. Otro recurso a tener en cuenta es visitar los restos del lugar de memoria en el que haya existido trabajo forzado, como una forma de interactuar con el espacio. Finalmente, dependiendo del tamaño del grupo-clase y de la disponibilidad del profesorado, se podrá escoger una o varias de las líneas de investigación sugeridas para formar dichos grupos.

En cuanto a los recursos espaciales sería ideal a la hora de realizar estas labores de investigación, cooperación y diálogo entre el alumnado, el uso de las bibliotecas escolares. En ellas, además del fondo bibliográfico se suele contar con un ágora que se presta al diálogo y al intercambio de ideas, pizarras para lluvia de ideas y puestos informáticos donde complementar la investigación, comunicarse con alumnado de otros centros o con personas que hayan sido víctimas en los procesos referidos en puntos anteriores, como víctimas del franquismo.

También se recoge la difusión del producto final (póster físico-exposición en el centro; museo virtual-póster digital) en distintos foros, compartiendo experiencias con otros centros educativos, en el caso de que se opte por un proyecto intercentros.

Orientaciones sobre implementación y uso de las tecnologías de la información y la comunicación

El uso crítico de las tecnologías de la información y la comunicación se plantea como un recurso importante, tanto en la fase de investigación como en la de comunicación de resultados. En las guías respectivas se ofrecen abundantes recursos disponibles en línea: fuentes documentales, audiovisuales, webs institucionales o de asociaciones, que son fundamentales para el éxito de la investigación.

Por su interés, se recomienda la visita a la recreación virtual de la construcción de un búnker (muchos de ellos construidos por prisioneros sometidos a trabajo forzado a través de la herramienta asociada a la exposición «Fronteras de Hormigón»: www.fronterasdehormigon.com/visita-un-bunker/

Además, se podrá emplear diferentes recursos de geolocalización, sobre todo aplicable a los mapas tanto físicos como virtuales que realizará el alumnado con Google Earth, Tour Builder, Google My Maps, GmapGis, MapChart o ZeeMaps.

El producto final propio del curso puede desarrollarse tanto en formato físico como en formato digital, planteándose varias posibilidades, que cada docente deberá sopesar: murales de cartulina con la información recopilada, construcción de un museo virtual, pasando por sistemas digitales más habituales (LibreOffice, programas de presentaciones, Prezi, Genially o Canva), según las disponibilidades de cada centro y del alumnado.

Sugerimos que la exposición digital se realice a través de la herramienta gratuita Spatial IO (www.spatial.io), un metaverso de inteligencia artificial por el cual se genera un avatar que crea una sala de exposiciones en la que se pueden integrar en diferentes formatos las producciones del alumnado y que resulta muy intuitiva.

El uso de las TIC y de recursos analógicos no son excluyentes.

Visita a la recreación virtual de la construcción de un búnker

ESCANEA EL QR

Criterios de evaluación según las competencias específicas

NOTA: Todos los instrumentos de evaluación están también detallados en las respectivas guías del alumnado mediante una propuesta que contendrá una plantilla de registro y una rúbrica.

1. Educación Secundaria Obligatoria

> Tanto el currículo del MEC como el Decreto Foral 71/2022 para Navarra, de la asignatura de Geografía e Historia en 3.º y 4.º de ESO, recogen que a cada competencia específica le corresponde un criterio de evaluación que ejemplificamos con algunos instrumentos de evaluación.

Relacionado con la competencia específica	Criterio de evaluación n.º	Ejemplos de instrumentos de evaluación trabajados
1	1.1. Elaborar contenidos propios en distintos formatos, mediante aplicaciones y estrategias de recogida y representación de datos más complejas, usando y contrastando críticamente fuentes fiables, tanto analógicas como digitales, del presente y de la historia contemporánea, identificando la desinformación y la manipulación.	Póster.
	1.2. Establecer conexiones y relaciones entre los conocimientos e informaciones adquiridos, elaborando síntesis interpretativas y explicativas, mediante informes, estudios o dosieres informativos, que reflejen un dominio y consolidación de los contenidos tratados.	Síntesis, resúmenes, esquemas.
	1.3. Transferir adecuadamente la información y el conocimiento por medio de narraciones, pósteres, presentaciones, exposiciones orales, medios audiovisuales y otros productos.	Presentaciones orales apoyadas en medios audiovisuales.
2	2.1. Generar productos originales y creativos mediante la reelaboración de conocimientos previos a través de herramientas de investigación que permitan explicar problemas presentes y pasados de la humanidad a distintas escalas temporales y espaciales, de lo local a lo global, utilizando conceptos, situaciones y datos relevantes.	Póster.
	2.2. Producir y expresar juicios y argumentos personales y críticos de forma abierta y respetuosa, haciendo patente la propia identidad y enriqueciendo el acervo común en el contexto del mundo actual, sus retos y sus conflictos desde una perspectiva sistémica y global.	Debates, trabajo en grupo.

Relacionado con la competencia específica	Criterio de evaluación n.º	Ejemplos de instrumentos de evaluación trabajados
5	5.1. Conocer, valorar y ejercitar responsabilidades, derechos y deberes y actuar en favor de su desarrollo y afirmación, a través del conocimiento de nuestro ordenamiento jurídico y constitucional, de la comprensión y puesta en valor de nuestra memoria democrática y de los aspectos fundamentales que la conforman, de la contribución de los hombres y mujeres a la misma y la defensa de nuestros valores constitucionales.	Todos los desarrollados en la propuesta.
	5.2. Reconocer movimientos y causas que generen una conciencia solidaria, promuevan la cohesión social, y trabajen para la eliminación de la desigualdad, especialmente la motivada por cuestión de género, y para el pleno desarrollo de la ciudadanía, mediante la movilización de conocimientos y estrategias de participación, trabajo en equipo, mediación y resolución pacífica de conflictos.	Valoración del trabajo colaborativo.
7	7.1. Reconocer los rasgos que van conformando la identidad propia y de los demás, la riqueza de las identidades múltiples en relación con distintas escalas espaciales, a través de la investigación y el análisis de sus fundamentos geográficos, históricos, artísticos, ideológicos y lingüísticos, y el reconocimiento de sus expresiones culturales.	Mapas, planos, pósteres.
	7.2. Conocer y contribuir a conservar el patrimonio material e inmaterial común, respetando los sentimientos de pertenencia y adoptando compromisos con principios y acciones orientadas a la cohesión y la solidaridad territorial de la comunidad política, los valores del europeísmo y de la Declaración Universal de los Derechos Humanos.	Recogida de datos sobre un lugar de memoria cercano.
9	9.1. Interpretar y explicar de forma argumentada la conexión de España con los grandes procesos históricos de la época contemporánea, valorando lo que han supuesto para su evolución y señalando las aportaciones de sus habitantes a lo largo de la historia, así como las aportaciones del Estado y sus instituciones a la cultura europea y mundial.	Producción escrita: prueba objetiva.
	9.2. Contribuir a la consecución de un mundo más seguro, justo, solidario y sostenible, a través del análisis de los principales conflictos del presente y el reconocimiento de las instituciones del Estado, y de las asociaciones civiles que garantizan la seguridad integral y la convivencia social, así como de los compromisos internacionales de nuestro país en favor de la paz, la seguridad, la cooperación, la sostenibilidad, los valores democráticos y los Objetivos de Desarrollo Sostenible.	Relacionar la propuesta con los ODS en forma de esquema.

2. Bachillerato

Los instrumentos de evaluación serán detallados en la guía del alumnado mediante una propuesta que contendrá una plantilla de registro y una rúbrica. Tanto el Real Decreto 243/2022 como el Decreto Foral 72/2022 para Navarra, de la materia optativa Geografía e Historia de Navarra, recogen que a cada competencia específica le corresponde un criterio de evaluación que ejemplificamos con algunos instrumentos de evaluación.

HISTORIA DEL MUNDO CONTEMPORÁNEO

Relacionado con la competencia específica	Criterio de evaluación n.º	Ejemplos de instrumentos de evaluación trabajados
1	1.1. Identificar y reconocer los logros que suponen los actuales sistemas democráticos como el resultado no lineal en el tiempo de los movimientos y acciones que han contribuido al afianzamiento y articulación del principio de libertad, a través del análisis de los principales procesos históricos que se han desarrollado, la comprensión de los textos políticos y constitucionales fundamentales y el uso adecuado de términos y conceptos históricos.	Póster.
2	2.2. Analizar los principales conflictos civiles que se han producido en la Edad Contemporánea, a través del empleo de textos historiográficos y la elaboración de juicios argumentados, comprendiendo la importancia de la memoria histórica y del reconocimiento de las víctimas, del principio de Justicia Universal y del derecho a la verdad, la reparación y la garantía de no repetición.	Lectura comprensiva de textos historiográficos.
7	7.2. Abordar críticamente los principales temas clave de la historia y de la actualidad a través de la aproximación a las principales corrientes historiográficas y a los usos que se hacen de la historia, valorando críticamente los principales proyectos sociales, políticos y culturales que han tenido lugar en la historia contemporánea desde la perspectiva ética contenida en la Declaración Universal de los Derechos Humanos.	Debate, trabajo en grupo.
8	8.1. Analizar los cambios y permanencias en la historia, atendiendo a procesos de más larga duración, como los comportamientos demográficos, ciclos vitales y modos de vida en la sociedad contemporánea, a través del acercamiento al pensamiento histórico y la realización de proyectos de investigación, identificando los mecanismos de control, dominio y sumisión, los roles de género y edad asignados, así como los escenarios de lucha por la dignidad y contra la discriminación de diversos colectivos.	Todos los desarrollados en la propuesta.

GEOGRAFÍA E HISTORIA DE NAVARRA

Relacionado con la competencia específica	Criterio de evaluación n.º	Ejemplos de instrumentos de evaluación trabajados
4	4.1. Describir las grandes transformaciones sociales y los diferentes modos de organización y participación política que se han producido en Navarra desde el paso del Antiguo Régimen a la nueva sociedad burguesa, analizando el surgimiento y evolución del concepto de ciudadanía y de las nuevas formas de sociabilidad, utilizando adecuadamente términos históricos y conceptos historiográficos, e identificando las desigualdades y la concentración del poder en determinados grupos sociales.	Póster.
6	6.2. Constatar el papel relegado de las mujeres en la historia analizando fuentes literarias y artísticas, valorando las acciones en favor de la emancipación de las mujeres y del movimiento feminista y recuperando figuras individuales y colectivas como protagonistas silenciadas y omitidas de la historia.	Reconstrucción escrita de historias de vida.
7	7.2. Analizar el papel conformador de la identidad individual y colectiva que poseen el arte y el patrimonio artístico, analizando las autorrepresentaciones humanas y el uso de recursos estéticos e iconográficos en la generación y el mantenimiento de los vínculos grupales.	Presentaciones digitales basadas en el patrimonio (lugares de memoria).

HISTORIA DE ESPAÑA

Relacionado con la competencia específica	Criterio de evaluación n.º	Ejemplos de instrumentos de evaluación trabajados
1	1.1. Reconocer el legado democrático y las acciones en favor de la libertad, identificando y comparando los distintos regímenes políticos y sus respectivos textos constitucionales, desde la quiebra de la monarquía absoluta y los inicios de la España liberal a la actualidad, utilizando adecuadamente términos y conceptos históricos valorando el grado y alcance de los derechos y libertades que reconocen y la aplicación efectiva de los mismos.	Póster.
4	4.1. Describir las grandes transformaciones sociales y los diferentes modos de organización y participación política que se han producido en España desde el paso del Antiguo Régimen a la nueva sociedad burguesa, analizando el surgimiento y evolución del concepto de ciudadanía y de las nuevas formas de sociabilidad, utilizando adecuadamente términos históricos y conceptos historiográficos, e identificando las desigualdades y la concentración del poder en determinados grupos sociales.	Debates, trabajo en grupo.
5	5.3. Emplear el rigor metodológico de la historia en el estudio de las grandes reformas estructurales que acometió la II República, identificando sus logros y las reacciones antidemocráticas que se produjeron y que derivaron en el golpe de Estado de 1936, aproximándose a la historiografía sobre la Guerra Civil y al marco conceptual del estudio de los sistemas totalitarios y autoritarios a través de la interpretación de la evolución del franquismo.	Esquemas de las reformas acometidas y la respuesta dada.
8	8.1. Realizar trabajos de indagación e investigación, iniciándose en la metodología histórica y la historiografía, mediante la generación de productos relacionados con la memoria colectiva sobre acontecimientos, personajes o elementos patrimoniales de interés social o cultural del entorno local, considerando el patrimonio histórico como un bien común que se debe proteger.	Todos los trabajados en la situación de aprendizaje.

Medidas de atención a la diversidad

Estas propuestas didácticas llevan implícita la atención a la diversidad del aula. Al proponer formas de aprendizaje cooperativo y también por proyectos, recogen varios principios elementales.

La atención a la diversidad enriquece estas propuestas.

- En cuanto a medidas ordinarias:

  - De tipo organizativo: Tanto el ABP como el aprendizaje cooperativo tratan de favorecer una metodología inclusiva, en un entorno amable. Resulta obvia su dimensión de «comunidad de aprendizaje» puesto que las investigaciones deben apelar también al conocimiento de las familias y del resto de la comunidad educativa sobre estas cuestiones. En cuanto a la organización de los grupos, se priorizará una formación heterogénea de los mismos tratando de compensar las desigualdades.

  - De acceso: se buscará una ubicación lo más accesible para la exposición que se realice a partir del trabajo de investigación. Respecto al material, especialmente informático, se tratará de proporcionar con las mayores facilidades posibles y evitando un exceso de generación de residuos.

  - De tipo metodológico: se tendrán en cuenta las necesidades específicas de apoyo educativo en cuanto a tiempos, en el reparto de tareas dentro del grupo y se tratará de dar el mayor peso posible a las competencias en las que cada alumna/o se pueda sentir más cómodo.

- En cuanto a medidas extraordinarias, el docente podrá seleccionar en la adaptación curricular individualizada las actividades que mejor se ajustan a su alumnado.

Cómo convertir esta situación de aprendizaje en un proyecto de centro o en un proyecto con otros centros

Esta propuesta abre vías para abordar proyectos que impliquen a la comunidad de aprendizaje y también a la cooperación entre centros.

Todas las actividades secuenciadas pueden ser abiertas a la participación de la comunidad de aprendizaje en la que se inscribe. Las familias, especialmente, pueden intervenir en las sesiones que el docente y el alumnado establezcan compartiendo su experiencia en torno a estos temas e incluso colaborando en la búsqueda de información tanto en el aula como fuera de ella.

Sea en forma de murales físicos o de póster digital, el objetivo es que en la exposición final pueda participar toda la comunidad educativa. El propio alumnado, organizado por grupos, puede ejercer de guía de la misma, potenciando la observación de aquellos elementos que considere más interesantes.

Visita del alumnado de la escuela y el instituto de Roncal al monolito de la carretera de Igal a Vidángoz. CPEIP Julián Gayarre HLHIP e IESO Ainariak DBHI.

Si se quiere hacer partícipes a otros departamentos didácticos de la unidad, algunas ideas para cooperar en el proyecto son:

Materia o área	Ideas de trabajo
MATEMÁTICAS	Elaboración de tablas y gráficos.
LENGUA	Trabajo con novelas y diarios (solo ejemplos): *La voz dormida* (Dulce Chacón) *Los girasoles ciegos* (Alberto Méndez) *La madre de Frankenstein* (Almudena Grandes) *Cárcel de Ventas* (Mercedes Núñez) *Las cárceles de Soledad Real* (Consuelo García) *La larga marcha* (Rafael Chirbes) *Desde la noche y la niebla* (Juana Doña) *Si esto es un hombre* (Primo Levi)
INGLÉS	Traducciones de cartas, redacción de informes, notas de prensa.
FILOSOFÍA	Aportaciones de Hannah Arendt, Reyes Mate, Jorge Semprún.
GEOGRAFÍA	Diseño de mapas de coropletas como los planteados en los ejercicios.
INFORMÁTICA	Herramientas para la elaboración de mapas, geolocalización de los espacios trabajados en la unidad didáctica, presentaciones (más información en el apartado TIC).
ECONOMÍA	Aproximación a las empresas beneficiadas por el trabajo forzado.
FÍSICA y QUÍMICA	Materiales y sus problemas en la construcción y reconstrucción de obras públicas e infraestructuras con trabajos forzados.
MÚSICA	Estudio de la obra de figuras en el exilio, como Pau Casals.
DIBUJO	Planimetría de los espacios de represión.

Desarrollar un proyecto intercentros

El trabajo forzado, ya fuera concentracionario, ya penitenciario, comportó la movilidad —y el desarraigo— de los presos y prisioneros y sus familiares. Si quieres aplicar esta unidad didáctica/situación de aprendizaje con otros ámbitos es posible ponerse en contacto con otros centros a través de RedMemoria. (https://congresohistoriaconmemoriaenlaeducacion.org/red-escuelas/).

Una idea factible sería seguir el rastro de un represaliado que acabó en cárceles lejanas a su lugar de nacimiento y viceversa: es decir, dos o tres centros se podrían intercambiar experiencias de presos y prisioneros y sus familiares y acercarse así a la geografía de las cárceles y del trabajo forzado.

Guía para el profesorado: El trabajo forzado en la dictadura franquista

Autor: Sergio Riesco Roche
Colabora: Guillermo García Llorente

El contexto histórico

Breve historia del trabajo forzado

La Organización Internacional del Trabajo recurre al Convenio sobre el trabajo forzoso de 1930 considerando como tal «todo trabajo o servicio exigido a un individuo bajo la amenaza de una pena cualquiera y para el cual dicho individuo no se ofrece voluntariamente». Desde cualquier sistema esclavista hasta los tiempos actuales, el experto en estas cuestiones Pedro Oliver explica qué es el concepto de «utilitarismo punitivo». Nos podemos remontar en nuestra historia al siglo XVI, el momento en el que los jueces comenzaron a imponer castigos en forma de trabajos forzados: galeras, presidios, trabajo en obras públicas, condenas a trabajar en las minas de mercurio de Almadén (Ciudad Real). Es decir, además de castigar, los trabajos forzados se convertían en una forma de reducir el gasto que comportaba el mantenimiento de esos presos.

El trabajo forzado en obras públicas se generalizó más aún durante el siglo XIX: puertos, canales, caminos, puentes y carreteras. A pesar de que los códigos penales de 1848 y 1870 limitarían el castigo en trabajos forzados a cambio de un limitadísimo esfuerzo de rehabilitación del preso por otras vías, habría que esperar a la II República: el nuevo Código Penal (1932) con Victoria Kent como directora general de Prisiones trataba de ofrecer soluciones reales de reeducación y de reinserción (Oliver Olmo, 2007).

La guerra civil se llevó por delante esos avances. Aunque en zona republicana también existieron condenas a trabajos forzados en campos de concentración, es la dictadura franquista quien reinventó este «utilitarismo punitivo», en la línea de castigar cualquier tipo de disidencia durante el golpe de Estado, la guerra y la dictadura.

Los trabajos forzados en la dictadura franquista

De esta forma, conviene distinguir entre el llamado sistema concentracionario y el sistema penitenciario (García Funes, 2022). Entre 1937 y 1948, mediante el sistema concentracionario, el que tradicionalmente asociamos en el imaginario colectivo a los campos de concentración, los prisioneros republicanos se vieron sometidos al trabajo forzado en unidades que recibieron diferentes nombres: Batallones de Trabajadores, Batallones Disciplinarios de Trabajadores, Batallones Disciplinarios de Soldados Trabajadores o Batallones Disciplinarios de Soldados Trabajadores Penados y Colonias Penitenciarias Militarizadas.

Sin embargo, en el sistema penitenciario, el trabajo forzado no fue formalmente suprimido hasta 1995. Dentro del mismo, quizá su máxima expresión son los destacamentos penales que se extendieron por toda la geografía del Estado español durante el régimen de Franco. Mediante un decreto de 9 de junio de 1939 se creaba el Patronato de Redención de Penas por el Trabajo «Nuestra Señora de la Merced». Este organismo, adscrito al Ministerio de Justicia y con gran protagonismo

El trabajo forzado como castigo ha existido a la largo de la historia, y durante el franquismo fue uno de los puntales de la represión.

de la jerarquía de la Iglesia católica, se convirtió en el administrador de la mano de obra esclava que podía acceder a una libertad vigilada mediante el trabajo en obras públicas de lo más variadas. Las empresas podían solicitar al Patronato presos, que eran seleccionados a partir de los listados que tenían que elaborar unas juntas locales recogiendo los datos básicos sobre las aptitudes de los posibles beneficiarios de la «redención». Fue en el campo de las infraestructuras ferroviarias donde este sistema se extendió de forma más generalizada, pero también fue habitual en todo tipo de obras públicas y privadas.

Una exigencia ética

En cualquier caso, una educación que permanece atenta a su entorno ha de cumplir con el derecho a la memoria. Estos trabajos forzados durante la dictadura franquista se enmarcan en el proceso represivo que acompañó al régimen y cuyas huellas son visibles hoy en día: todavía un número difícil de concretar de víctimas permanecen en fosas y en cunetas, a pesar de los grandes esfuerzos emprendidos en las dos últimas décadas por su recuperación y restitución. Eso en un país del que se exiliaron al finalizar la guerra casi medio millón de personas; en el que el régimen fusiló a más de 50.000 personas después del 1 de abril de 1939; que contaba con unos 300.000 presos relacionados con esa represión a lo largo de la década de 1940 y que detuvo a más de un millón de personas a lo largo de toda la dictadura por motivos políticos. En el arduo y lento proceso de recuperación de la documentación de todo ese sistema represivo, la aportación más reciente ha sido la aparición de 380.000 fichas en papel procedentes del llamado Registro Índice de la Población Reclusa, lo que nos recuerda la expresión de algunos autores para referirse a la España de la época como una «inmensa prisión».

De alguna manera, esta propuesta trata de ser un ejercicio de proximidad, de viajar de lo general a lo particular o viceversa: a partir de un lugar donde haya existido trabajo forzado, se puede investigar para entender más y mejor el componente sistémico de la represión. Aunque hoy en día exista un debate académico entre los conceptos «lugar de memoria» y «sitio de conciencia», aquí nos referimos al primero tal y como recoge la Ley Foral 33/2013 de 26 de noviembre, de reconocimiento y reparación moral de las ciudadana y ciudadanos navarros asesinados y víctimas de la represión a raíz del golpe militar de 1936, y la Ley Foral 29/2018, de Lugares de Memoria Histórica de Navarra. Lo importante es que utilicemos cada cual en el territorio que le sea más próximo aquel lugar de la memoria que permita a la comunidad educativa «enfrentar la historia de lo que ocurrió en ese lugar y su legado actual» (https://www.sitesofconscience.org/).

Una educación que permanece atenta a su entorno ha de cumplir con el derecho a la memoria.

Guía de investigación y actividades. Secuenciación temporal

Actividades y temporalización

La presente situación de aprendizaje plantea un itinerario de aprendizaje que aspira a culminar con una pequeña exposición en dos formatos (físico y digital) a partir del trabajo de investigación por grupos. El eje central son los trabajos forzados en la dictadura franquista y se puede desarrollar en un máximo de tres semanas, como un medio complementario de aproximarse al fenómeno de las dictaduras a lo largo del siglo xx y muy en especial al caso español. El profesorado dispone en esta guía de un anexo complementario de materiales.

Cronograma general

N.º sesión	General/ grupal	Tarea principal	Cuestiones a trabajar en la sesión	Recursos materiales
1	General	Planteamiento del trabajo	Formación de grupos. Exposición por parte del profesorado.	Vídeo.
2	Grupal	Investigación por grupos		Ordenadores, libros.
3	General	Debate	Deber de Memoria. Trabajo forzado hoy.	
4	Grupal	Investigación por grupos		Ordenadores, libros.
5	General	Producción	Producción escrita: carta, noticia de prensa, entrevista, dibujo.	
6	Grupal	Investigación por grupos		
7	Grupal	Montar el póster físico y digital	Canva, Genially u otros + un mural con fotografías.	
8	General	Exposiciones orales	Presentar el trabajo realizado al resto de la clase.	
9	General	«Colgar» la exposición Ejercicio de repaso	Instalación en el lugar que corresponda del centro + subida a la web o espacio compartido. Cuestionario final.	

Actividades propuestas

Sesión 1.ª
Planteamos la investigación

El propósito es desarrollar un proyecto de investigación por grupos en torno a la temática del trabajo forzado. El alumnado debe saber qué tiene que investigar para culminar su tarea con un póster tanto físico como digital que pueda ser compartido en clase, en el centro, en el instituto, aplicando los pasos del método científico.

Para documentar la investigación el alumnado contará con el material básico de apoyo del Anexo 1, al final de esta guía.

Actividad	Temporalización aproximada
Motivación y explicación del objetivo del proyecto.	10 min
El docente presenta un esquema de las fases de la dictadura, de las diferentes formas de represión, así como de las cifras globales de la represión franquista.	25 min
Se plantean varios **grupos de trabajo** dependiendo de la ratio y de las características del centro. A continuación, se plantea sobre qué tema les gustaría investigar del siguiente repertorio: • Grupo marco conceptual: qué es el trabajo forzado y qué son los lugares de memoria. • Grupo sistema concentracionario: los campos de concentración y los trabajos de reconstrucción. • Grupo sistema penitenciario: los destacamentos penales y la construcción de nuevas infraestructuras. • Grupo cárceles de mujeres: la doble represión. • Grupo «mapeo» o sitio de conciencia específico.	10 min
Explicación del resto de la temporalización: 2.ª, 4.ª y 6.ª sesiones dedicadas a la investigación por grupos. 3.ª debate. 5.ª producción escrita «Ponte en su lugar». 7.ª preparación de la exposición. 8.ª presentación oral por grupos de los resultados. 9.ª inauguración de la exposición y cuestionario de repaso.	5 min

Sesión 2.ª
Comenzamos a investigar en grupo

Cada grupo trabajará en clase de forma cooperativa durante toda la sesión, a ser posible con apoyo de medios informáticos. El/la docente aportará los materiales de esta guía, proporcionando a los diferentes grupos la tarea específica y pasando por cada grupo para ver qué necesidades y problemáticas se plantean. Se insistirá al alumnado en que recoja por escrito y de forma sistemática no solo la información sino las fuentes de las que las ha obtenido.

Actividad	Tareas y recursos	Temporalización aproximada
Grupo marco conceptual	• Buscar información sobre qué es el trabajo forzado, su definición y búsqueda de ejemplos a lo largo de la Historia. • Similitudes y diferencias entre trabajo forzoso, formas modernas de esclavitud y trata de seres humanos. **RECURSOS** Definición de trabajo forzoso según la OIT 🔗	Toda la sesión, dejando 5 minutos al final para verificar que se han llevado a cabo las tareas. Si no se acaba, tomar nota de las tareas pendientes.
Grupo sistema concentracionario	• Busca una definición sobre qué es un campo de concentración. • Búsqueda de ejemplos de campos de concentración en el mundo, no solo *lager* nazis. Ubicación espacio-temporal. • Tipos de trabajo y aproximación a la cantidad de prisioneros que trabajaron dentro de este sistema tanto durante la II Guerra Mundial como en la dictadura franquista. **RECURSOS** • Los campos nazis (Enciclopedia del Holocausto) 🔗 • García Funes, J. C. (2017), pag. 257 🔗 • García Funes, J. C. (2022), pags. 63 y 68.	
Grupo sistema penitenciario	• Tarea preliminar sobre qué fue el Patronato de Redención de Penas por el Trabajo: creación, años de funcionamiento, características principales. Tipos de obras públicas a las que se dedicaron. **RECURSOS** • Redención de penas por el trabajo (Wikipedia) 🔗 • Las Memorias del Patronato de Redención de Penas por el Trabajo 🔗	

Actividad	Tareas y recursos	Temporalización aproximada
Grupo cárceles de mujeres	• Ideas previas sobre cómo la represión franquista afectó a las mujeres. • Concepto de «desafectas». • Por qué se habla de «doble represión» contra las mujeres. RECURSOS • Esclavas del franquismo: el trabajo de las mujeres presas 🔗 • La doble represión de Franco sobre la mujer 🔗 • Mujeres, prisiones y represión franquista 🔗 • Mujeres, la represión en el franquismo 🔗	Toda la sesión, dejando 5 minutos al final para verificar que se han llevado a cabo las tareas. Si no se acaba, tomar nota de las tareas pendientes.
Grupo «mapeo» o sitio de conciencia específico	• Si se elige un «mapa del trabajo forzado» se seleccionará la comunidad autónoma correspondiente y se tratará de llevar a cabo un mapa con los trabajos forzados realizados durante la dictadura franquista. • Si se elige un lugar de memoria, se buscará el lugar y fechas extremas de funcionamiento y la obra en la que tuvieron que trabajar los presos. NOTA Caso de optar por los mapas, se pueden hacer tanto a mano como con algunas herramientas gratuitas informáticas para hacer mapas como Storymap o Carto.	

Destacamento Penal Presa Alberche. SIPCA-Dara.

Sesión 3.ª
Leer y reflexionar para poder opinar

Texto:
«Sobre el deber de memoria», Rosa E. Belvedresi (Conicet)

Se suele admitir que hay un deber de memoria según el cual las comunidades sociales están obligadas a rememorar el pasado como un modo de saldar sus deudas con él. El recuerdo compartido permitiría restañar aquellas heridas causadas por acciones pasadas y que provocaron la muerte, la humillación, el dolor de quienes fueron víctimas y de sus sucesores. Detrás del deber de recordar se esconde el supuesto que se expresa en la famosa aserción de que los pueblos que no conocen su historia están obligados a repetirla. De este modo, el ejercicio de la memoria colectiva permitiría impartir una forma de justicia para restaurar el equilibrio entre los semejantes, roto por la violencia que subvirtió los códigos de la vida en común.

Como bien lo ha señalado T. Todorov en sus escritos, el ejercicio de la memoria por sí misma no garantiza que las situaciones injustas del pasado no se repitan en el presente o en el futuro. Las formas ritualizadas de las conmemoraciones colectivas no son un vehículo que garantice que las sociedades, y sus miembros, revisen su papel en la historia. Más bien, lo contrario. El exceso de las ceremonias de memoria en las sociedades actuales, manifestado en la creación de innumerables espacios conmemorativos, el establecimiento de fechas especiales en los calendarios, la modificación de determinados contenidos escolares y hasta la sanción de algunas leyes en particular; no ha dirigido a la humanidad a una vida más justa en el planeta ni ha evitado los enfrentamientos armados con argumentos casi calcados de los que se usaron hace apenas décadas atrás. Ese ejercicio de memoria que vemos por doquier, por el cual los jefes de estado expresan en actos públicos sus condolencias por las víctimas del pasado o establecen las directrices que debemos seguir el resto de los ciudadanos para cumplir con aquel deber, no parece haber influido en las prácticas de discriminación o violencias de distinto tipo que siguen repitiéndose hoy en día.

Cabe preguntarse, ¿es legítimo un tal deber de memoria? Una primera respuesta a esta pregunta es un rotundo sí. Una forma de paliar los dolores causados es que las víctimas sean recordadas y puedan recuperarse sus historias de vida. Historias que la violencia intentó silenciar. El ejercicio de la memoria es un triunfo frente al silencio y una forma de ejercer una justicia que excede a los tribunales, a los que complementa. (...)

Volvamos entonces, ¿puede defenderse un deber de memoria? Sí, bajo ciertas circunstancias. Cuando como comunidad no se ha logrado comprender en toda su profundidad las zonas oscuras del pasado, y en el presente aún se disputa sobre la justicia de las demandas de reparación de quienes son sus víctimas, el deber de memoria es exigible a todos como una forma de nombrar a los vencidos y oponerse, benjaminianamente, al monólogo histórico de los vencedores. Pero también debe decirse que, frente al futuro y a las nuevas generaciones, ese deber debe, necesariamente, pensarse como una herencia abierta a las re-interpretaciones y no como una lista cerrada de tareas a cumplir. Es decir, antes que como un ritual laico de rememoraciones vacías, el deber de memoria debe pensarse como la obligación de revisar nuestras comprensiones de la comunidad (local, nacional o incluso planetaria) de la que formamos parte. Solo así, recordar servirá para intervenir frente a las injusticias que todavía se perpetúan en el presente y amenazan con sostenerse en el futuro. Como dijo Roman Kent en el 70° aniversario de la liberación de Auschwitz: «no queremos que nuestro pasado sea el futuro de nuestros hijos». Ése es el desafío que hay que superar para poder cumplir con el deber de memoria. Es decir, pensar el pasado en clave de futuro.

Publicado en: https://www.barbarie.lat/post/sobre-el-deber-de-memoria

Actividad
Debate: ¿Derecho o deber de memoria? y ¿Trabajo forzado hoy?

Se repartirá a todo el alumnado una copia del texto «Sobre el deber de memoria».

El alumnado deberá leer el texto individualmente, subrayando aquellas palabras o expresiones que no entienda con claridad y/o que llamen su atención.

A elección del profesorado, se pueden poner por grupos. De una u otra manera, la dinámica sería la siguiente:
- Compartir en voz alta las palabras o expresiones que no les quedan claras, que serán explicadas por el profesorado.
- El alumnado, bien individualmente, bien por grupos, comenta qué le ha llamado más la atención:
  - Del texto.
  - De lo que llevan trabajado de la sesión anterior en relación al proyecto.
  - Todo ello debe ir anotado en un folio para poder participar en el debate apoyándose en las ideas escritas.

Al final de la sesión, se recogerán en la pizarra (analógica/digital) las diez ideas que tanto el alumnado como el profesorado consideren más importantes. De manera opcional, el profesorado podrá pedir que las copien en sus respectivos cuadernos de clase.

Algunas cuestiones para orientar el debate:

Si hubieras vivido una situación traumática, ¿crees que se debería hablar de ella o guardarías silencio?

¿Qué dice Todorov respecto a la autenticidad de la memoria?

¿Cuáles son las razones por las que la autora considera legítimo el «deber de memoria»?

¿Conocéis casos de pasados traumáticos aparte del español? Citad ejemplos.

Encuentro Intergeneracional del Parque de la Memoria de Sartaguda, 2019. Instituto Navarro de la Memoria.

Sesión 4.ª
Continuamos trabajando en grupo

Actividad	Tareas y recursos	Temporalización aproximada
Grupo marco conceptual	• Buscar y reproducir definiciones de los siguientes conceptos: derechos humanos, desaparecidos, justicia transicional, memoria colectiva, pasados traumáticos, revisionismos, lugares de memoria, utilitarismo punitivo, victimarios. • Se puede organizar en una tabla con el concepto, la definición y al menos un ejemplo de cada una (cuándo y dónde). **RECURSOS** • ¿Qué es un sitio de conciencia? 🔗 • ¿Qué es la justicia transicional? 🔗 • ¿Qué es el revisionismo histórico? 🔗 • Los traumas del pasado se procesan como una vivencia del presente 🔗	Toda la sesión, dejando 5 minutos al final para verificar que se han llevado a cabo las tareas. Si no se acaba, tomar nota de las tareas pendientes.
Grupo sistema concentracionario	Elaboración de una tabla y un mapa con los tipos de trabajo realizado en los campos de concentración y la geografía de los mismos. **RECURSOS** • Los trabajos forzados en la historia contemporánea 🔗 • García Funes, J. C. (2017), pag. 222-257 🔗 • García Funes, J. C. (2022), pags. 63 y 68.	
Grupo sistema penitenciario	La geografía de los destacamentos penales: elaboración de una tabla y un mapa con los casos conocidos y objetivos de las obras. Se puede realizar por comunidades autónomas y/o provincias. **RECURSOS** • Esclavas del franquismo: el trabajo de las mujeres presas 🔗 • Redención de penas: destacamentos penales, campos y colonias penitenciarias 🔗	
Grupo cárceles de mujeres	Confección de una tabla y/o mapa de las cárceles de mujeres en la España franquista. **RECURSOS** • Búsqueda de información sobre las antiguas cárceles de Ventas, Segovia, Málaga, Amorebieta, La Galera, Can Sales, Saturrarán y Les Corts: • Cárcel de Ventas 🔗 • Preso de les Corts 🔗 • Situación penitenciaria de las mujeres presas en la cárcel de saturraran durante la guerra civil española y la primera posguerra 🔗 • La prisión Central de mujeres de Amorebieta en el circuito carcelario femenino creado por el franquismo 🔗 *(sigue en la siguiente página)*	

Actividad	Tareas y recursos	Temporalización aproximada
Grupo cárceles de mujeres *(continuación)*	• Dependiendo del lugar donde se esté llevando a cabo la unidad didáctica, buscar las cárceles más próximas (comarca, provincia, comunidad autónoma).	Toda la sesión, dejando 5 minutos al final para verificar que se han llevado a cabo las tareas. Si no se acaba, tomar nota de las tareas pendientes.
Grupo «mapeo» o sitio de conciencia específico	• En la opción «mapeo» se tratará de realizar una tabla con el número aproximado de trabajadores que sufrieron condena en el lugar investigado, intentando asignarlos al sistema concentracionario o al sistema penitenciario. • En la opción «sitio de conciencia» se buscarán fotos e información respecto a la organización del trabajo, las condiciones de vida y las penurias sufridas. **RECURSOS** Algunos ejemplos de recursos audiovisuales sobre lugares de memoria específicos: • *Estos muros*, documental sobre el destacamento penal de Soto del Real (Madrid) 🔗 • *Desafectos*, documental realizado por Eguzki Bideoak en colaboración con el Instituto Gerónimo de Uztariz, sobre los trabajos forzados en las carreteras navarras 🔗 • *Campos del silencio*, de Eloísa Terrón, sobre el trabajo de presos en las minas de Fabero en El Bierzo (León) 🔗 • *Palabras de piel*, de Ciani Martín, sobre el trabajo forzado en las Islas Canarias 🔗 • *Presos del silencio*, de Eduardo Montero y Mariano Agudo, sobre el Canal de los Presos 🔗 • *Vidas rotas*, documental con testimonios de descendientes de presos que trabajaron en el destacamento penal de Bustarviejo (Madrid) 🔗	

Sesión 5.ª
Me pongo en su lugar: una producción escrita o gráfica

Actividad. Producción: carta, entrevista, nota de prensa, dibujo		
Actividad	**Tareas y recursos**	**Temporalización aproximada**
Una producción escrita o gráfica	Se trata de un pequeño «juego de rol» donde cada grupo elige un formato: • Carta de una persona presa o prisionera a sus familiares relatando cómo se siente y cómo es la vida cotidiana en el lugar en el que está. • Entrevista oral: parte del grupo asume la función de entrevistador/a y el resto de entrevistado/a. El «entrevistado/a» es un preso/a al que se le preguntan cuestiones relacionadas: por qué está allí, cómo es la vida que lleva y cuáles son sus esperanzas. • Una nota de prensa: el grupo redacta una información sobre la investigación que está llevando a cabo: dónde, cuándo, por qué, para qué, con qué medios. • Un dibujo o cómic: se pueden plantear viñetas con una situación imaginada en un campo de concentración, una cárcel o un destacamento penal. **RECURSOS** Cartas de despedida de presos: • Las cartas de despedida de los «rojos» fusilados por Franco: «Me quedan dos horas escasas. ¡Adiós, hijos míos!» 🔗 • Las cartas de los presos republicanos antes de morir: «Hijos, cuánto os he querido, pero todo terminó» 🔗 • Carta de despedida del alcalde de Azagra Francisco Castro Berisa (enlace a Oroibidea 🔗) (enlace a la carta 🔗) Cómo hacer una entrevista de historia oral 🔗 Cómo redactar una nota de prensa: 7 pasos para escribir una nota de prensa [Plantilla incluida] 🔗 Un ejemplo 🔗 Cómic o dibujos: La II República y la Guerra Civil 🔗	Toda la sesión, dejando 10 min al final para compartir con el resto del grupo-clase la producción realizada.

Sesión 6.ª
Completamos nuestro trabajo en grupo

Actividad	Tareas y recursos	Temporalización aproximada
Grupo marco conceptual	• Las leyes de memoria en España. Casos nacionales y aportaciones autonómicas (en el caso de haberlas). • Se deben obtener diez noticias periodísticas de polémicas generadas en torno a las leyes de memoria. **RECURSOS** • Introducción a la memoria democrática ✎ • Memoria democratikoa: araudia ✎	Toda la sesión, dejando 5 min al final para verificar que se han llevado a cabo las tareas. Si no se acaba, tomar nota de las tareas pendientes.
Grupo sistema concentracionario	• Breve selección de testimonios, cartas, etc. De personas que estuvieron sometidas a este tipo de trabajos y que recojan sus vivencias. • Selección de frases (citando la fuente donde se han obtenido) a partir de dichos testimonios. **RECURSOS** Algunos ejemplos en: • Pirinioak, esklabotza mendiak ✎ • Organero, A. (2015): *Batallón de pico y pala: cautivos toledanos en Navarra (Lesaka, 1939-1942)* ✎ • Beaumont, Edurne y Mendiola, Fernando (2006). *Esclavos de Franco en el Pirineo*. Tafalla: Txalaparta.	
Grupo sistema penitenciario	• Breve selección de testimonios, cartas, etc., de personas que estuvieron sometidas a este tipo de trabajos y que recojan sus vivencias. • Selección de frases (citando la fuente donde se han obtenido) a partir de dichos testimonios. **RECURSOS** Algunos ejemplos en: • «De estos cueros sacaré buenos látigos. Tecnologías de represión en el destacamento penal franquista de Bustarviejo (Madrid)» ✎ • Excavación arqueológica de los destacamentos penales ✎ • A pico y pala: el destacamento penal de Irún ✎ • Reconstrucción del destacamento penal de Banús ✎	

Actividad	Tareas y recursos	Temporalización aproximada
Grupo cárceles de mujeres	• Breve selección de testimonios, cartas, etc., de mujeres y sus familiares que estuvieron presas por motivos políticos. • Selección de frases (citando la fuente donde se han obtenido) a partir de dichos testimonios. **RECURSOS** Algunos ejemplos en: • Cárceles de mujeres 🔗 • Cárcel de Ventas 🔗 • Cárcel de Saturrarán 🔗 • La vida en las cárceles de mujeres 🔗	Toda la sesión, dejando 5 min al final para verificar que se han llevado a cabo las tareas. Si no se acaba, tomar nota de las tareas pendientes.
Grupo «mapeo» o sitio de conciencia específico	• En cualquiera de los dos casos, selección de testimonios, cartas, etc., de personas que estuvieron sometidas a este tipo de trabajos y que recojan sus vivencias y/o las de sus familiares. • Selección de frases (citando la fuente donde se han obtenido) a partir de dichos testimonios. **RECURSOS** Algunos ejemplos en: • Los Pirineos, montañas de esclavitud 🔗 • Organero, A. (2015): *Batallón de pico y pala: cautivos toledanos en Navarra (Lesaka, 1939-1942)* 🔗 • «De estos cueros sacaré buenos látigos. Tecnologías de represión en el destacamento penal franquista de Bustarviejo (Madrid)» 🔗 • Excavación arqueológica de los destacamentos penales 🔗 • A pico y pala: el destacamento penal de Irún 🔗 • Reconstrucción del destacamento penal de Banús 🔗	

Sesión 7.ª
Presentación y comunicación de resultados: mural físico y/o digital

Actividad	Tareas y recursos	Temporalización aproximada
Grupo marco conceptual	• Pegar en un mural (clásico de cartulina) las principales definiciones buscadas. Se pueden redactar de la A-Z e ilustrar con fotos. • Realizar esa misma tarea en formato póster digital. **RECURSOS** • Es importante que el profesorado proporcione materiales: cartulina, tijeras, pegamento..., y facilite fotografías que le haya solicitado imprimir previamente el alumnado. • También es conveniente que el profesorado verifique que se cita siempre la fuente de la que se ha obtenido cada una de las informaciones reflejadas en el mural y/o póster digital.	Toda la sesión, verificando en los últimos minutos que ya están disponibles por completo tanto el mural convencional como —si se opta por ello— la presentación o póster digital.
Grupo sistema concentracionario	• Seleccionar las tablas, mapas y testimonios más valiosos para imprimirlos en el mural de cartulina. • Hacer la misma tarea en formato digital. **RECURSOS** Se pueden realizar mapas gratuitos a partir de GoogleMaps, GmapGis, MapChart o ZeeMaps.	
Grupo sistema penitenciario	• Seleccionar las tablas, mapas y testimonios más valiosos para imprimirlos en el mural de cartulina. • Hacer la misma tarea en formato digital. **RECURSOS** Se pueden realizar mapas gratuitos a partir de GoogleMaps, GmapGis, MapChart o ZeeMaps.	
Grupo cárceles de mujeres	• Seleccionar las tablas, mapas y testimonios más valiosos para imprimirlos en el mural de cartulina. • Hacer la misma tarea en formato digital. **RECURSOS** Se pueden realizar mapas gratuitos a partir de GoogleMaps, GmapGis, MapChart o ZeeMaps.	
Grupo «mapeo» o sitio de conciencia específico	• Mapa de lugares donde existió trabajo forzado (cada uno de su comunidad autónoma). • Ficha del sitio de conciencia investigado: lugar, fecha de funcionamiento, objetivo de la obra, número aproximado de presos, selección de testimonios. Hacer la misma tarea en formato digital. **RECURSOS** Se pueden realizar mapas gratuitos a partir de GoogleMaps, GmapGis, MapChart o ZeeMaps.	

Sesión 8.ª
Compartimos con las compañeras y compañeros

Actividad	Temporalización aproximada
• Cada grupo debe traer ya seleccionadas dos «diapositivas» con las conclusiones más importantes de su trabajo y las expone oralmente al resto del alumnado. Es importante que todos los miembros del grupo participen en la presentación. • El profesorado o un miembro del grupo puede moderar para ir presentando a cada grupo. • Resulta fundamental que todas las presentaciones recojan quiénes se beneficiaron del trabajo forzado.	Unos 8-10 min por grupo.
• Todas ellas se juntan en una sola presentación que se convierten en los «apuntes» de la unidad y que el profesorado bien imprime, bien sube a la plataforma que se utilice o incluso tiene la opción de que el alumnado tome nota manualmente.	5 min finales para que el profesorado recuerde las tareas pendientes.

Sesión 9.ª
Repasamos lo aprendido y compartimos con la comunidad educativa

Actividad	Temporalización aproximada
El profesorado plantea un cuestionario sencillo tomando como base los contenidos de las cinco presentaciones, seleccionando dos ideas de cada una de ellas.	20 min
Posteriormente, se sube la «exposición» a la web del centro o al repositorio del que se disponga y/o se procede a instalar los «murales» de cartulina en el lugar del centro que se haya consensuado	Resto de la sesión para completar la instalación física o digital de la exposición.

RÚBRICA PARA EVALUACIÓN DEL TRABAJO EN EQUIPO Y DEL TRABAJO REALIZADO

Criterio de evaluación	Muy bien (1 - 0,8 puntos)	Bien (0,7 - 0,6 p.)	A medias (0,5 - 0,4 p.)	Insuficiente (0,3 - 0 p.)	Puntos
Trabajo en equipo (2 punto)	Todos los miembros del equipo han trabajado mucho, han demostrado interés y han ido apuntando el trabajo regularmente en el diario.	Los miembros del equipo han trabajado y han mostrado interés, aunque algunas veces les ha costado ponerse a trabajar o se han despistado; algunos días no han apuntado todo el trabajo en el diario.	En general les ha costado trabajar, se han despistado bastante, han demostrado poco interés y muchos días no han apuntado el trabajo en el diario.	No han trabajado, se han despistado muchísimo y no han mostrado ningún interés. El diario está prácticamente sin hacer.	(x2)
Cuaderno de trabajo (1 punto)	Tienen todas las actividades realizadas; han contestado a todas las preguntas y han rellenado la ficha de trabajo durante las sesiones correspondientes.	Tienen casi todas las actividades realizadas; han contestado a casi todas las preguntas y han rellenado la ficha de trabajo durante las sesiones correspondientes.	Tienen actividades casi sin hacer y bastantes preguntas sin contestar, y en la ficha de trabajo falta bastante información porque no han trabajado todas las sesiones.	Tienen casi todas las actividades y preguntas sin contestar; la ficha de trabajo está casi sin hacer porque no han trabajado todas las sesiones.	(x1)
Debate (1 punto)	Han participado de forma activa en el debate, nombrando un/una portavoz que ha mostrado de forma eficaz sus opiniones.	Han participado en el debate, pero solo cuando se les ha pedido intervenir, realizando aportaciones interesantes.	Han participado poco en el debate, sin preparar mucho ni las intervenciones ni las opiniones.	No han aportado nada en el debate, mostrándose pasivas/os en la actividad.	(x1)
Expresión escrita (1 punto)	La expresión es muy buena, no cometen faltas de ortografía; utilizan los conceptos de forma correcta.	La expresión es buena, aunque hay alguna falta de ortografía; utilizan los conceptos de forma correcta.	La expresión no es buena, hay bastantes faltas de ortografía; no siempre utilizan los conceptos de forma correcta.	La expresión es mala, con muchas faltas de ortografía; no utilizan los conceptos de forma correcta.	(x1)
Contenido de la presentación sobre trabajo forzado (4 puntos)	El contenido está muy bien, han contestado a todas las preguntas, utilizando la información de todas las fuentes. Han citado las fuentes de forma correcta y han adjuntado muchas.	El contenido está bien, han contestando a todas las preguntas, pero les falta información y no citan siempre la fuente o no la adjuntan.	El contenido no está bien, falta información, hay preguntas que no contestan, no han utilizado todas las fuentes y muy pocas las citan o las adjuntan.	El contenido está mal, no han contestado la mayoría de las preguntas, no han consultado las fuentes y no las citan ni las adjuntan.	(x4)
Cuestionario (1 punto)	Ha contestado de forma correcta a todas las preguntas del cuestionario.	Ha contestado de forma correcta a casi todas las preguntas del cuestionario.	Apenas ha contestado a la mitad de las preguntas del cuestionario de forma correcta.	No ha alcanzado ni los mínimos para superar el cuestionario.	(x1)

Breve glosario

Deber de memoria: el libro de Primo Levi (superviviente de Auschwitz, autor de *Si esto es un hombre*) hace referencia a la obligación moral de recordar el pasado traumático, en especial del siglo xx. Ante esa idea imperativa, también surge la del derecho a la memoria, al recuerdo y también al olvido, en un esfuerzo de mayor inclusividad.

Derechos humanos: son los derechos que tenemos básicamente por existir como seres humanos; no están garantizados por ningún estado. Estos derechos universales son inherentes a todos nosotros, con independencia de la nacionalidad, género, origen étnico o nacional, color, religión, idioma o cualquier otra condición. Varían desde los más fundamentales —el derecho a la vida— hasta los que dan valor a nuestra vida cotidiana (ONU, Declaración Universal de Derechos Humanos, 1948).

Desaparecidos (víctimas de desaparición forzada): personas que desaparecen, literalmente, de entre sus seres queridos y de su comunidad cuando agentes estatales (o con el consentimiento del Estado) las detienen por la calle o en su casa y después lo niegan o rehúsan decir dónde se encuentran (Amnistía Internacional).

Justicia transicional: conjunto de medidas judiciales y políticas que se adoptan tras una situación de conflicto o represión en la que se han producido violaciones masivas de los derechos humanos, con el fin de promover la reconciliación y la democracia; incluye acciones penales, comisiones de la verdad, programas de reparación y reformas institucionales (RAE, *Diccionario panhispánico del español jurídico*).

Lugar de memoria: designa los lugares donde se cristaliza y se refugia la memoria colectiva. Acuñado por el historiador francés Pierre Nora, se asocia en origen a los lugares más simbólicos de la historia de Francia.

Memoria colectiva: proceso social de reconstrucción del pasado llevado a cabo por un grupo determinado, el cual comparte una experiencia en común en torno al periodo temporal correspondiente. Desarrollado en primera instancia por el sociólogo francés Maurice Halbwachs cuyo trabajo sobre el tema fue publicado de manera póstuma en 1950.

Memoria democrática: «la memoria de las víctimas del golpe de Estado, la Guerra de España y la dictadura franquista, su reconocimiento, reparación y dignificación, representan un inexcusable deber moral en la vida política y es signo de la calidad de la democracia». (De la exposición al Congreso de la Ley 20/2022). Más orientada a los derechos humanos.

Memoria histórica: esfuerzo consciente de los grupos humanos por encontrar su pasado, sea este real o imaginado, valorándolo y tratándolo con especial respeto. Este concepto, acuñado en Francia por Pierre Nora, en España se asocia habitualmente a la memoria del 36 y del franquismo.

ONU: La Organización de las Naciones Unidas instó a España a derogar o enmendar la Ley de Amnistía de 1977 por estar impidiendo la investigación de graves violaciones en materia de derechos humanos. La ONU habla de los «delitos de tortura, desapariciones forzadas y ejecuciones sumarias» (Informe del relator de Naciones Unidas, Pablo de Grieff, 2014).

Pasado traumático: recuerdos sobre hechos violentos del pasado con alto impacto emocional. De ahí se derivan conceptos como resiliencia.

Revisionismo: cuestionamiento permanente, por medios oficiales y no oficiales, sobre la veracidad de los acontecimientos históricos relacionados con un pasado traumático. Su versión extrema es el negacionismo. Comenzó con el Holocausto nazi y en España también existe y niega la legitimidad democrática de la II República.

Sitio de conciencia: es un espacio de memoria —un museo, un sitio histórico, un memorial o una iniciativa de memoria— que enfrenta la historia de lo que ocurrió en ese lugar y su legado actual (Coalición Internacional de Sitios de Conciencia).

Utilitarismo punitivo: corriente de pensamiento procedente del derecho penal, y en especial del filósofo Jeremy Bentham, por el cual hay que darle una orientación al castigo sobre los presos, en concreto, utilizarlos para trabajos de manera que expíen o rediman su pena.

Victimarios (o perpetradores): aquella persona que inflige un daño o perjuicio a otra en un momento determinado. Si bien este término puede ser usado para referirse a cualquier persona responsable de cometer un delito, está generalmente relacionado con los procesos de paz y justicia transicional. Es utilizado frecuentemente en plural, para referirse a los actores armados de un país, bajo un régimen dictatorial o democrático o en un conflicto armado interno, que han cometido crímenes terroristas, crímenes de guerra o crímenes de lesa humanidad.

Para saber más:
Bibliografía, webs, documentales

Lecturas
(selección, se proporciona enlace
a internet cuando es posible)

Acosta Bono, Gonzalo (2004): *El canal de los presos (1940-1962). Trabajos forzados: de la represión política a la explotación económica*. Barcelona: Crítica.

Badiola Ariztimuño, Ascensión (2019): *Individuas peligrosas. La prisión central de Amorebieta, 1939-1947*. Donostia: Txertoa.

Beaumont, Edurne y Mendiola, Fernando (2004): «Batallones disciplinarios de soldados trabajadores: castigo político, trabajos forzados y cautividad», *Revista de Historia Actual*, 2.

Beaumont, Edurne y Mendiola, Fernando (2006): *Esclavos de Franco en el Pirineo*. Tafalla: Txalaparta.

Cuevas, Tomasa (2004): *Testimonios de mujeres en las cárceles franquistas*. Huesca: lea.

Espinosa, Francisco (2021): «La investigación de la represión franquista 40 años después (1979-2020)», en Gabarda, Vicente [dir.], *Violencia, conceptualización, memoria, represión, estudios, monumentalización, exhumaciones. Valencia 1936-2020*, Valencia: Diputación.

García Funes, Juan Carlos (2017): *Espacios de castigo y trabajo forzado del sistema concentracionario franquista*, tesis doctoral. Universidad Pública de Navarra y revista *Huarte de San Juan. Geografía e Historia*, 24, pp. 279-286. <https://academica-e.unavarra.es/entities/publication/fb6ba543-60e2-4cdd-ab56-6bf64a8befd6>.

García Funes, Juan Carlos (2022): *Desafectos. Batallones de trabajo forzado en el franquismo*. Granada: Comares.

García Funes, Juan Carlos y Mendiola Gonzalo, Fernando (2020): «Historia y memoria del trabajo forzado del sistema concentracionario franquista», *Cahiers de civilisation espagnole contemporaine*. <https://doi.org/10.4000/ccec.9218>.

Gastón Aguas, José Miguel y Mendiola Gonzalo, Fernando [coords.] (2007): *Los trabajos forzados en la dictadura franquista*. Pamplona: Instituto Gerónimo de Uztariz y Memoriaren Bideak. <https://dialnet.unirioja.es/servlet/libro?codigo=275004>.

Gastón Aguas, José Miguel y Layana Ilundain, César [eds.] (2023): *Historia con memoria en la educación*. Pamplona: Gobierno de Navarra/Nafarroako Gobernua. <https://congresohistoriaconmemoriaenlaeducacion.org/wp-content/uploads/2023/08/libro-digital-historia-con-memoria-en-la-educacion.pdf>.

Ginard, David (2005): *Matilde Landa, de la Institución Libre de Enseñanza a las prisiones franquistas*. Barcelona: Flor del Viento.

Gómez Bravo, Gutmaro (2007): *La redención de penas. La formación del sistema penitenciario franquista, 1936-1950*. Madrid: Libros de la Catarata.

Gómez Bravo, Gutmaro (2018): «Aislar para convertir: los presos y sus familias en el primer franquismo (1939-1945)», *Culture & History Digital Journal*, vol. 7, n.º 1, pp. 14-22. <https://cultureandhistory.revistas.csic.es/index.php/ cultureandhistory/article/download/131/440?inline=1>.

Hernández de Miguel, Carlos (2019): *Los campos de concentración de Franco*. Madrid: Ediciones B.

Hernández Holgado, Fernando (2003): *Mujeres encarceladas: las prisión de Ventas. De la República al franquismo*. Madrid: Marcial Pons Historia.

Heredia Urzáis, Iván (2019): *Encarceladas. Historia de las cárceles de mujeres de Zaragoza, 1936-1954*. Zaragoza: Mira Editores.

Jiménez Martín, Eva (2012): *Situación penitenciaria de las mujeres presas de la cárcel de Saturrarán durante la Guerra Civil española y la primera posguerra. Hacia la recuperación de su memoria*. Donostia: Instituto Vasco de Criminología.

Mendiola Gonzalo, Fernando (2012): «El impacto de los trabajos forzados en la economía vasconavarra (1937-1945)», *Investigaciones de Historia Económica*, 8, pp. 104-116. <www.elsevier.es/

es-revista-investigaciones-historia-economica-economic-328-pdf-S1698698912000094>.

Mendiola Gonzalo, Fernando (2013): «El trabajo forzado en infraestructuras ferroviarias bajo el franquismo (1938-1957): una estimación cuantitativa», *TST, Transportes, Servicios, Comunicaciones*, 25, pp. 240-262. <https://asihf.org/wp-content/uploads/2024/02/articulo25_02.pdf>.

Mendiola Gonzalo, Fernando (2018): «Negocio y resistencia: empresas y cautivos en las empresas ferroviarias bajo el franquismo (1937-1957)», en Gómez Bravo, Gutmaro y Martín Nájera, Aurelio [coords.]: *A vida o muerte. Persecución a los republicanos españoles.* Madrid: Cátedra del Exilio-Fondo de Cultura Económica, pp. 201-237.

Molinero, Carme; Sala, Margarida y Sobrequés i Callicó, Jaume [eds.] (2003): *Una inmensa prisión. Los campos de concentración y el mundo penitenciario en España durante la guerra civil y el franquismo.* Barcelona: Crítica.

Moya Alcañiz, Francisca (2023): *Que vuestro nombre no se olvide. Mujeres condenadas a muerte en los consejos de guerra franquistas (1936-1945)*: Granada: Comares.

Olaizola Elordi, Juan José (2006): «Trabajo forzado y ferrocarril. destacamentos penales yconstrucción de infraestructuras ferroviarias», *IV Congreso de Historia Ferroviaria.* <www.docutren.com/HistoriaFerroviaria/Malaga2006/pdf/III04.pdf>.

Oliver Olmo, Pedro (2013): *El siglo de los castigos.* Barcelona: Anthropos.

Riesco, Sergio (2022): *El Destacamento Penal de Bustarviejo. Lugar de Memoria.* Bustarviejo: Asociación de Memoria Histórica Los Barracones.

Rodrigo, Javier (2005): *Cautivos. Campos de concentración en la España franquista, 1936-1947.* Barcelona: Crítica.

VV. AA. (2018): *Desde la cárcel. Memoria de los presos/as del franquismo en Asturias.* Oviedo: Ayuntamiento.

Webs (selección)

Oroibidea, Camino de Memoria, es el buscador de fondos documentales, entrevistas, documentos por población, mapas y exposiciones del Instituto Navarro de la Memoria.
https://oroibidea.es

Página del **grupo de investigación de la Universidad Carlos III** sobre humanidades digitales que proporciona numerosos enlaces a vídeos, documentales y publicaciones.
https://humanidadesdigitales.uc3m.es/s/hismedi-g/page/la-websfera-de-la-historia-y-la-memoria

Página de la **OIT** que informa sobre qué son el trabajo forzoso, las formas modernas de esclavitud y la trata de seres humanos.
https://www.ilo.org/es/temas/trabajo-forzoso-formas-modernas-de-esclavitud-y-trata-de-seres-humanos/que-son-el-trabajo-forzoso-las-formas-modernas-de-esclavitud-y-la-trata-de

Acceso a las **comunicaciones del I y II Congreso Internacional Historia con Memoria en la Educación** (Pamplona/Iruña, 2022 y 2024).
https://congresohistoriaconmemoriaenlaeducacion.org

Aulas con Memoria (Asociación para la Recuperación de Memoria Histórica). Un proyecto educativo de la ARMH.
www.aulasconmemoria.com

Página del **Observatorio Europeo de Memorias** (EUROM).
https://europeanmemories.net

Ruta al Exilio (Injuve, Eurom, INM).
https://rutaalexilio.com

Para conocer las **iniciativas de Historia Pública**.
www.historiapublica.es

Coalición Internacional de Sitios de Conciencia.
https://www.sitesofconscience.org/wp-content/uploads/2019/02/Spanish-Press-Kit-2019.pdf

Mapa de fosas.
https://www.mpr.gob.es/memoriademocratica/mapa-de-fosas/Paginas/index.aspx

Mapa de fosas de Navarra.
https://fosas.navarra.es

Resumen del **informe del relator de la ONU.**
www.eldiario.es/sociedad/onu-espana-guerra-ci-vil-franquismo_1_4683520.html

Registro-Índice de población reclusa (1938-1955) con aproximadamente 380.000 fichas en papel y de las propuestas de Libertad Vigilada (1940-1965).
https://pares.cultura.gob.es/pares-htr/

Documentales

Campos del silencio, de Eloísa Terrón, sobre el trabajo de presos en las minas de Fabero en El Bierzo (León).
www.youtube.com/watch?v=Qszz0JnqnM0

Desafectos, documental realizado por Eguzki Bideoak en colaboración con el Instituto Gerónimo de Uztariz, sobre los trabajos forzados en las carreteras navarras.
www.youtube.com/watch?v=klyu-ElaUVY

Estos muros, documental sobre el destacamento penal de Soto del Real (Madrid).
www.rtve.es/noticias/20220614/miles-republica nos-trabajaron-forzadamente-franquismo/23558 81.shtml

La ciudad de los cautivos, de Aritz Gorostiaga, recorrido por los centros de detención en Pamplona entre 1936 y 1945.
www.youtube.com/watch?v=9aowkWObvOc

Mugarantz. Hacia la frontera. Aritz Gorostiaga. Nafarroako Memoriaren Institutua

Palabras de piel, de Ciani Martín, sobre el trabajo forzado en las Islas Canarias.
www.youtube.com/watch?v=P-7qn7c-W-4

Presos del silencio, de Eduardo Montero y Mariano Agudo, sobre el Canal de los Presos.
www.youtube.com/watch?v=FORAVFCwnbE

Vidas rotas, documental con testimonios de descendientes de presos que trabajaron en el destacamento penal de Bustarviejo (Madrid).
www.youtube.com/watch?v=IVGr0vGKF2O

Anexo 1.
Relación de obras e infraestructuras que se deben al trabajo forzado durante la dictadura franquista por provincias

Este listado puede servir de referencia para investigar casos de proximidad.

Provincia o territorio	Obras de reconstrucción; terminación o nuevas
ARABA/ÁLAVA	Ferrocarril (f. c.) Vitoria-Alsasua.
A CORUÑA	Aeropuerto de Lavacolla; f. c. Coruña-Ourense-Zamora.
ALBACETE	Embalse del Cenajo.
ASTURIAS	Reconstrucción de Oviedo; f. c. Lugo de Llanera a Tudela de Veguín y Valle del Aller. Varios trabajos de reconstrucción en la cuenca minera.
ÁVILA	Reforma del Teso del Hospital y puerto de San Roque.
BADAJOZ	Canal de Montijo.
BALEARES	Carreteras en los municipios de Sóller; Calvià; Alcúdia; Manacor; Llucmajor y Campos.
BARCELONA	Catedral y Seminario de Vic; f. c. Port-Bou; f. c. a Puigcerdá y Tarragona.
BIZKAIA	Aeropuerto de Sondika; f. c. Pedernales-Bermeo.
BURGOS	Túnel de la Engaña; Embalse del Ebro; carretera Puerto del Escudo; carretera Burgos a Gamonal.
CÁCERES	Trabajos de reconstrucción en Navalmoral de la Mata.
CÁDIZ	Muralla del Estrecho; f. c. Algeciras-Bobadilla.
CANTABRIA	Embalse del Ebro; Salto del Nansa; carretera del Puerto del Escudo.
CASTELLÓN	Carretera a Oropesa del Mar; f. c. Castellón-Desierto de Las Palmas-El Grao.
CIUDAD REAL	Trabajos de reconstrucción minas de Almadén.
CUENCA	Embalse de Barasona; Puerto de Contreras y la carretera de Honrubia.
GUADALAJARA	Embalse de Pálmaces.
GIRONA	Reconstrucción de Figueres; f. c. Girona-Olot; f. c. Girona-Rivas de Fresser.
GIPUZKOA	Reconstrucción de Eibar; carretera Oiartzun-Lesaka.
HUELVA	Carretera de Palos de la Frontera al Faro del Picacho.

HUESCA	Embalse Mediano del Cinca; terminación del Canal de Monegros; reconstrucción de Sabiñánigo; carretera al puerto de Canfranc.
ISLAS CANARIAS	Carretera de Vilaflor (Tenerife); Tefía: centro de trabajo y colonias agrícolas penitenciarias.
LA RIOJA	Embalse de Mansilla de la Sierra; Pantano de Ortigosa; Canal de Badarán.
LEÓN	Terminación del embalse de Barrios de Luna; Canal del Bierzo; reconstrucción de Villamanín; minería de Fabero.
LLEIDA	Mina de La Canota; terminación del túnel de Vielha.
MADRID	Embalse de Riosequillo; f. c. Madrid-Burgos; Real Acequia del Jarama; Valle de Cuelgamuros; Cárcel de Carabanchel.
MÁLAGA	F. c. Algeciras-Bobadilla.
MURCIA	Minas de La Unión; terminación del embalse de El Cenajo.
NAVARRA	Carreteras Lesaka-Oiartzun, Irurita-Artesiaga, Igal-Vidángoz, Egozkue-Iragi; fortificación del Pirineo; doble vía en el tramo de ferrocarril Castejón-Cortes, y doble vía en el tramo Altsasu-Ziordia.
OURENSE	Embalse de El Sil-Salto del Sil; f.c. A Coruña-Ourense-Zamora.
PALENCIA	Estadio Municipal.
PONTEVEDRA	Mina de Fontao; Santa Marina; Trigueira.
SEGOVIA	Embalse de Revenga; pantano y canal de Linares del Arroyo.
SEVILLA	Canal del Bajo Guadalquivir; embalse de Torre del Águila.
TARRAGONA	Ff. cc. Zaragoza-Caspe-Tarragona; Zaragoza-Lleida-Tarragona; Tarragona-Barcelona.
TERUEL	F. c. minero de Samper de Calanda a Andorra.
TOLEDO	Academia de Infantería de Toledo; Real Acequia del Jarama; Canal de Rosarito; Presa de Cazalegas; Canal Bajo del Alberche.
VALENCIA	Embalse de Genagéver.
VALLADOLID	Canal de Toro-Zamora.
ZAMORA	Canal de Toro-Zamora.
ZARAGOZA	Terminación Embalse de Yesa; Canal de Monegros; ff. cc. Zaragoza-Caspe-Tarragona; Zaragoza-Lleida Tarragona.

Fuentes: V. Antonio López, *Dossier Esclavos del franquismo. Trabajos forzados. Memoria de los Campos de Concentración y Batallones Disciplinarios*. Madrid: 2013 [Recuperado de https://mirandamemoria.es/wp-content/uploads/2020/12/Esclavos-del-franquismo-Trabajos-forzados.pdf]. Trabajos mencionados en la bibliografía de Beaumont, García Funes y Mendiola.

Anexo 2.
Fuentes para el alumnado

Comunidad	Represión franquista	Represión republicana	N.º de exhumaciones	Restos recuperados
Andalucía	51.090	8.356	95	3.922
Aragón	8.523	3.901	79	368
Asturias	5.952	2.000	13	88
Baleares	2.265	323	12	61
Canarias	2.600	-	6	44
Cantabria	2.535	1.283	2	6
Castilla-La Mancha	13.604	7.630	47	883
Castilla-León	16.252	575	225	1.882
Cataluña	3.688	8.352	45	382
Ceuta-Melilla-Protectorado	768	-	-	-
Extremadura	11.551	1.587	39	426
Galicia	4.727	-	21	68
Madrid	3.522	8.815	3	7
Murcia	1.417	740	1	2
Navarra	2.932	-	48	204
País Vasco	1.468	945	47	109
La Rioja	2.000	-	4	22
Valencia	5.265	4.880	27	397
TOTAL	140.159	49.347	714	8.871

La represión por comunidades autónomas. Fuente: Espinosa (2021).
Nota: como estos datos son de 2021, es conveniente actualizar los datos referidos a algunas CCAA a través de sus respectivas bases de datos. En el caso de Navarra, por ejemplo, consultar https://oroibidea.es

El trabajo forzado de los 'rojos' en campos de concentración que Franco usó para erigir "la Nueva España"

El franquismo no solo levantó campos para recluir a prisioneros republicanos, sino que puso en marcha todo un sistema de mano de obra forzada integrado por los cautivos considerados "desafectos" al "Glorioso Movimiento Nacional", más de 95.000 en abril de 1939

— Plazas de toros, hoteles, colegios: los campos de concentración del franquismo por los que pasas sin saber que lo fueron

FRANQUISMO

PILARES DEL RÉGIMEN

EJÉRCITO

IGLESIA

FALANGE

CARACTERÍSTICAS DEL RÉGIMEN

FASCISMO

ANTILIBERALISMO

ANTICOMUNISMO

NACIONALISMO

CATOLICISMO

MILITARISMO

BASES SOCIALES

BURGUESÍA

TERRATENIENTES

CLASES MEDIAS

CATÓLICOS

MONÁRQUICOS

ESTRUCTURA DEL ESTADO
se conoce como
DEMOCRACIA ORGÁNICA

TOTALITARISMO

JEFE DE ESTADO

CORTES CONSULTIVAS

LEYES FUNDAMENTALES:

○ Fuero del Trabajo 1938
○ Ley de Corte 1942
○ Fuero de los Españoles 1945
○ Ley Referéndum Nacional 1945
○ Ley Sucesión Jefatura del Estado 1947
○ Principios del Movimiento Nacional 1958
○ Ley Orgánica del Estado 1967

Arriba: Una pequeña noticia de prensa introductoria sobre trabajo forzado: https://www.eldiario.es/sociedad/trabajo-forzado-rojos-campos-concentracion-franco-erigir-nueva-espana_1_9880154.html. Abajo: Gráfica extraída de https://espahisto.blogspot.com/2011/09/tema-151-la-creacion-del-estado.html

Webs de consulta para que cada grupo de trabajo pueda encontrar la información de las sesiones 2, 4 y 6.

Grupo marco conceptual

Página de la OIT explicando qué es el trabajo forzoso. ¿Qué son el trabajo forzoso, las formas modernas de esclavitud y la trata de seres humanos? 🔗

Página de la Coalicion Internacional de Sitios de Conciencia explicando qué son y por qué deben conocerse 🔗

Página de la ICTJ que trabaja en sociedades de todo el mundo afrontando las causas y abordando las consecuencias de violaciones masivas de derechos humanos. ¿Qué es la justicia transicional? 🔗

Noticia de Edunews explicando qué es el revisionismo histórico. ¿Qué es el revisionismo histórico? 🔗

Noticia de *The New York Times* que explica a través de la neurología cómo se procesan los traumas del pasado 🔗

Página oficial del Ministerio de Política Territorial y Democrática con explicaciones introductorias sobre el tema. Verdad, justicia y reparación. Introducción a la memoria democrática 🔗

Página oficial del Ministerio de Política Territorial y Democrática con la normativa en vigor 🔗

Texto de la Ley Foral 29/2018, de 26 de diciembre, de lugares de la memoria histórica de Navarra 🔗

Grupo sistema concentracionario

Página del Museo Memorial del Holocausto (EEUU), con información sobre los lager nazis. Los campos nazis 🔗

Tesis de Juan Carlos García Funes sobre trabajos forzados en el sistema concentracionario (en especial pp. 223-257) 🔗

Gastón Aguas, José Miguel y Mendiola Gonzalo, Fernando [coords.] (2007). *Los trabajos forzados en la dictadura franquista.* Pamplona: Instituto Gerónimo de Uztariz y Memoriaren Bideak 🔗 🔗

Organero, Ángel (2015). *Batallón de pico y pala: cautivos toledanos en Navarra (Lesaka, 1939-1942).* Pamplona: Pamiela 🔗

Grupo sistema penitenciario

Página de Wikipedia sobre el sistema de Redención de Penas por el Trabajo 🔗

Página de memoria de la Presò de Dones de Les Corts, que explica las memorias del Patronato de Redención de Penas por el Trabajo 🔗

Gastón Aguas, José Miguel y Mendiola Gonzalo, Fernando [coords.] (2007). *Los trabajos forzados en la dictadura franquista.* Pamplona: Instituto Gerónimo de Uztariz y Memoriaren Bideak 🔗

Página del Gobierno de Aragón que describe el sistema de Destacamentos Penales, Campos y Colonias Penitenciarias 🔗

«De estos cueros sacaré buenos látigos. Tecnologías de represión en el destacamento penal franquista de Bustarviejo (Madrid)». Artículo del equipo de investigación que intervino en el destacamento en que se explican las tecnologías de la represión 🔗

Nota breve explicando el trabajo arqueológico en los destacamentos con enlaces sobre el Valle de Cuelgamuros. 🔗

Reseña de prensa de un libro que investiga el destacamento penal de Irún (Gipuzkoa). «A pico y pala, memoria histórica del destacamento penal de Irun» 🔗

Reconstrucción del destacamento penal de Banús en el Valle de Cuelgamuros (llevado a cabo por INCIPIT) 🔗

Grupo cárceles de mujeres
Los trabajos forzados en la dictadura franquista, en concreto a la parte dedicada al trabajo de las mujeres presas 🔗
Monográfico de *elDiario.es* sobre la doble represión de Franco sobre la mujer 🔗
«Dones, presons i repressiò franquista» del colectivo Feministes de Catalunya 🔗
«Mujeres, la represión en el franquismo» explica el concepto de «higinene social» 🔗
Página de historia de la cárcel de mujeres de Ventas (Madrid), con numerosos testimonios orales 🔗
Página de historia de la cárcel de Les Corts (Barcelona, 1939-1955), con numerosos testimonios orales 🔗
Situación penitenciaria de las mujeres presas en la cárcel de Saturrarán durante la guerra civil española y la primera posguerra. Hacia la recuperación de su memoria, publicada por Emakunde en 2009 🔗
«La Prisión Central de Mujeres de Amorebieta en el circuito carcelario femenino creado por el franquismo» 🔗
Portal de Hismedi, que permite acceder a numerosos recursos digitales sobre cárceles de mujeres 🔗
Reportaje de prensa donde se profundiza sobre la vida en las cárceles de mujeres 🔗

Minería   **Puentes**   **Fortificación y trinchera**   **Carreteras y pistas**   **Fábricas militares**   **Obras en edificios militares**   **Trabajos militares desconocidos**

Infraestructuras ferroviarias   **Trabajos forestales**   **Aeropuertos**   **Industria**   **Obras en edificios religiosos**   **Construcción de prisiones**   **Líneas eléctricas**

Intendencia y otras labores militares   **Obra/Reconstrucción urbana**   **Recuperación de vehículos y material de guerra**   **Trabajos agrícolas**   **Infraestructura hidráulica**   **Desconocidos**

Mapa del Estado español con las tipologías del trabajo forzado en el sistema concentracionario (Fuente: García Funes, Juan Carlos (2022). *Desafectos. Batallones de trabajo forzado en el franquismo.* Granada: Comares, p. 139).

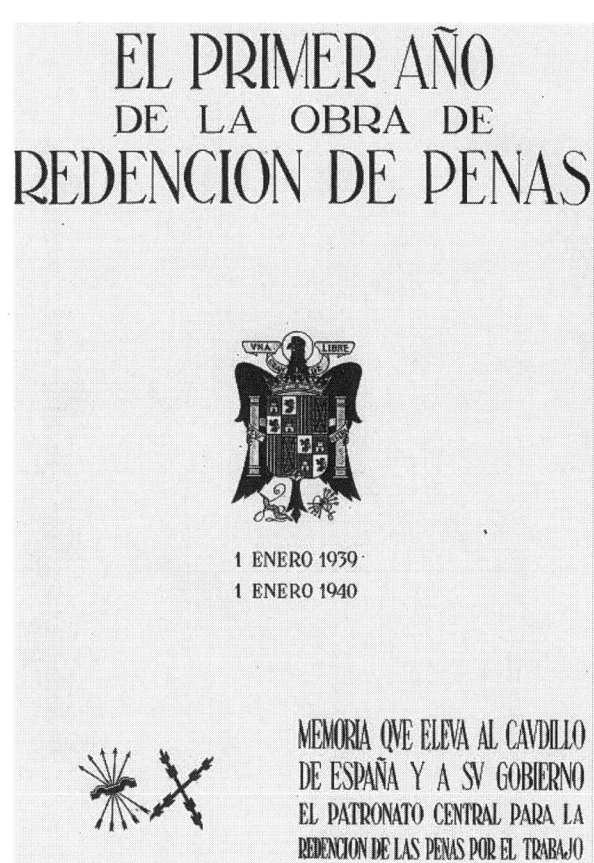

EL PRIMER AÑO
DE LA OBRA DE
REDENCION DE PENAS

1 ENERO 1939
1 ENERO 1940

MEMORIA QVE ELEVA AL CAVDILLO
DE ESPAÑA Y A SV GOBIERNO
EL PATRONATO CENTRAL PARA LA
REDENCION DE LAS PENAS POR EL TRABAJO

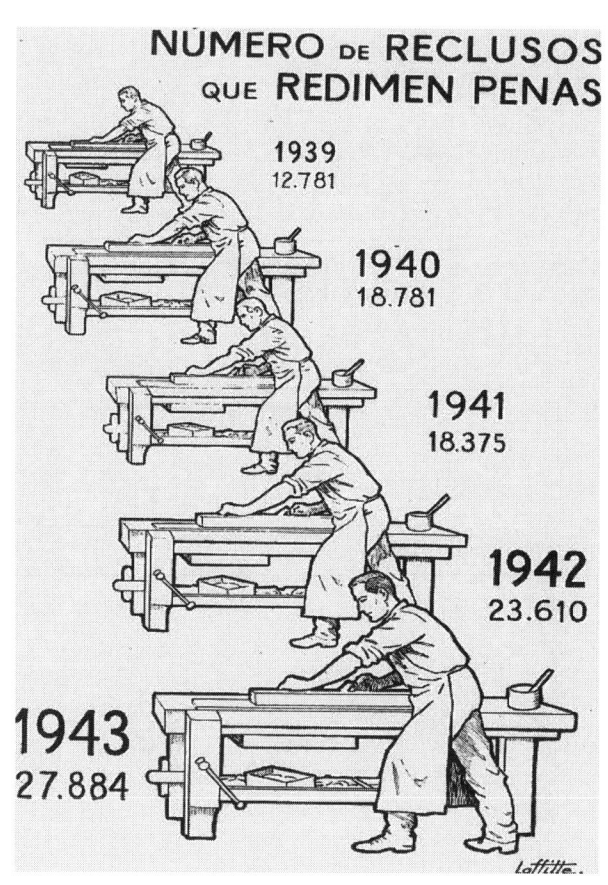

NÚMERO DE RECLUSOS
QUE REDIMEN PENAS

1939
12.781

1940
18.781

1941
18.375

1942
23.610

1943
27.884

Laffitte.

LIBERTADES CONDICIONALES
OTORGADAS DURANTE
EL AÑO 1945

COMUNES.
2.753

REBELION MARXISTA
HASTA 20
AÑOS.
3.654

REBELION MARXISTA
DE 20 AÑOS Y 1
DIAS A 30 AÑOS
7.791

CON REFERENCIA A
LA DISPOSICION QUE
LAS HA CAUSADO Y
EXTENSION DE LA
PENA IMPUESTA

Infografías del franquismo sobre el Patronato de Redención de Penas por el Trabajo. Arriba a la izquierda: portada de la primera memoria del Patronato Central de Redención de Penas por el Trabajo de 1939. Madrid, 1940. Arriba a la derecha: número de reclusos que redimen penas. Memoria del Patronato Central de Nuestra Señora de la Merced para la Redención de Penas por el Trabajo de 1943. Madrid, 1944. Abajo: libertades condicionales otorgadas durante el año 1945. Memoria del Patronato Central de Nuestra Señora de la Merced para la Redención de Penas por el Trabajo de 1945. Madrid, 1946.

Guía para el profesorado: Las mulas de la Nueva España. Trabajo forzado en la fortificación del Pirineo (1939-1942)

Autora: Edurne Beaumont Esandi
Autor: Germán Esparza Larramendi

El contexto histórico

Se pretende dar a conocer las modalidades represivas del franquismo acercándose a la fortificación del Pirineo, sin perder de vista las fronteras actuales.

Con esta propuesta didáctica pretendemos dar a conocer al alumnado una de las modalidades represivas de la dictadura franquista, la de los batallones de trabajo forzado, dependientes de los campos de concentración franquistas. Asimismo, queremos que se acerquen al contexto de la 2.ª Guerra Mundial y la fortificación del Pirineo, de la que hoy son testigos los restos de búnkeres y nidos de ametralladora que encontramos a lo largo de toda la cordillera y varias carreteras en Navarra que se siguen utilizando. Pero, además, pretendemos que esta propuesta dé lugar a elaborar una reflexión sobre la nueva «fortificación» del Pirineo y del resto de fronteras para personas migrantes y refugiadas; de la misma manera, pensamos que puede ser útil para reflexionar sobre las formas de trabajo forzado que también tienen lugar hoy en día: explotación a personas migrantes, explotación sexual, etc.

Para aproximar a nuestro alumnado a los batallones de trabajo forzado en el franquismo adjuntamos una serie de fuentes, para que, a modo de investigadores/as, vayan indagando en ellas y respondiendo a una serie de cuestiones sobre el tema (sobre el contexto histórico, la función de los batallones, la experiencia de los prisioneros y del impacto que tuvieron en las poblaciones en las que estuvieron y en las de sus propias familias). Las fuentes que se presentan en esta unidad proceden de varios archivos (ver anexo 1), de estudios realizados los últimos años sobre el tema (ver bibliografía) y del proyecto Fronteras de Hormigón (www.fronterasdehormigon.com), que nos acerca a la fortificación del Pirineo durante el franquismo y a la construcción del Muro Atlántico de los nazis en el contexto de la 2.ª Guerra Mundial. En esta unidad no nos adentramos en el Muro Atlántico, pero pensamos que es un tema con mucho potencial para otra propuesta didáctica.

Para la reflexión sobre las nuevas fortificaciones de las fronteras y las formas actuales de trabajo forzado adjuntamos los enlaces de tres breves vídeos que se pueden complementar con un documental (ver actividad 7) que pueden ser punto de partida para el debate en clase entre todos y todas.

Búnker en Auritz/Burguete. Iñaki Vigor.

La organización del trabajo forzado en el franquismo

La dictadura franquista puso en marcha el mayor sistema de trabajo forzado de la España contemporánea.

Aunque no fue una invención del franquismo, en la dictadura se puso en marcha el mayor sistema de trabajo forzado de la España contemporánea. El trabajo como castigo se empezó a utilizar desde las primeras semanas de 1936, ya que en muchas zonas de la retaguardia se castigó a familiares de presos o personas asesinadas a trabajar en casas, en tierras de las nuevas autoridades locales, en trabajos de limpieza, etc. Este castigo afectó especialmente a mujeres y a jóvenes, para quienes, al dolor por la pérdida de sus seres queridos, se sumó la humillación de trabajar para las nuevas autoridades, como ocurrió en muchas localidades de Navarra[1]. También el ejército golpista utilizó en los primeros meses de guerra a prisioneros en diferentes trabajos, pero sin tener ningún tipo de estructura legal sobre ese trabajo forzado.

Fue a partir de 1937 cuando se empezaron a poner las bases legales de las dos modalidades de trabajo forzado en el franquismo: la modalidad de prisioneros en batallones de trabajo, dependientes de los campos de concentración (1937); y la de presos/as de cárceles, bajo el Sistema de Redención de Penas por el Trabajo (1938). Aquí no nos adentramos en esta segunda modalidad, ya que queda explicada en la situación de aprendizaje *El trabajo forzado en la dictadura franquista*.

En esta unidad nos vamos a centrar en la primera modalidad, la del trabajo forzado en batallones dependientes de los campos de concentración. Se trata de la modalidad que mayor número de mano de obra forzada utilizó en todo el estado, unos 100.000 prisioneros entre 1937 y 1945 (García Funes, 2022), y es la que tuvo presencia en Navarra: 18.000 prisioneros estuvieron realizando diferentes trabajos entre 1937-1942, la mayoría (15.000) en la construcción de fortificaciones y carreteras cerca de la frontera con Francia entre 1939 y 1942 (Mendiola, 2012 y García Funes, 2021). En el anexo 3 adjuntamos un mapa con las localidades y trabajos que se realizaron en Navarra entre 1937-1942 (Mendiola y Beaumont, 2006).

La organización del trabajo forzado de batallones dependientes del mundo concentracionario

Los Batallones de Trabajadores (BBTT), compuestos por cautivos empleados como mano de obra forzada, funcionaron entre 1937 y 1940.

La formación de los batallones de trabajo forzado está muy ligada al sistema concentracionario franquista. En 1937, en plena guerra civil, la perspectiva de una guerra larga y de una gran cantidad de prisioneros llevó a las autoridades franquistas a planear la clasificación de los cautivos, con miras a una posible utilización de una parte de ellos como mano de obra forzada. Para ello, se dio el Decreto del Nuevo Estado concediendo el derecho al trabajo a los prisioneros y presos políticos («derecho-deber» recogía el decreto) y ese mismo año se creó la Inspección de Campos de Concentración, organismo que se encargaría

---

1 Altaffaylla Kultur Taldea y AFAN (2004).

de gestionar los campos de concentración franquistas. Estos campos de concentración tuvieron la función de clasificar a los prisioneros según su actividad política antes del golpe o de su responsabilidad en el ejército de la República durante la guerra. Así se crearon tres categorías de clasificación: prisioneros que se consideraron afectos al golpe, fueron puestos en libertad e incorporados al ejército franquista; prisioneros que se consideraron peligrosos y que fueron acusados de auxilio a la rebelión, serían juzgados y condenados a pena de muerte o prisión; prisioneros que fueron clasificados como desafectos o afectos dudosos, que se mantuvieron como prisioneros y fueron castigados a hacer trabajos forzados en Batallones de Trabajadores (BBTT), sin ningún tipo de juicio ni condena. Estos batallones funcionaron entre 1937 y 1940.

Sin embargo, **a principios de 1940** hubo una reorganización dentro del ejército, y se creó la Jefatura de Campos de Concentración (que sustituyó a la Inspección de Campos de Concentración). A partir de entonces esa jefatura disolvió los Batallones de Trabajadores (BBTT) y se encargó de crear otros nuevos. Y es que, según la nueva normativa sobre el servicio militar de diciembre de 1939, se obligó a hacer de nuevo el servicio militar a todos los jóvenes de los reemplazos de 1915 a 1922, es decir, a los que habían realizado el servicio militar en el ejército de la República. Dejaban sin valor todo ese tiempo de servicio militar ya realizado y se les castigaba de nuevo. Estos jóvenes fueron clasificados como desafectos en las cajas de reclutas (en base a informes recibidos), y fueron enviados a campos de concentración, donde se formaron nuevos batallones: **Batallones Disciplinarios de Trabajadores (BDT)**, entre 1940-1941; **Batallones Disciplinarios de Soldados Trabajadores (BDST)** entre 1940-1942; y **Batallones Disciplinarios de Soldados Trabajadores Penados (BDST-P)**, entre 1941-1948.

La fortificación del Pirineo en la posguerra

Finalizada la Guerra Civil, y en un contexto de preguerra en Europa, se puso en marcha un plan de fortificación de todo el Pirineo ante el temor del régimen franquista a una invasión desde Francia (de los aliados y de refugiados). No obstante, durante la guerra ya había una preocupación por la frontera, y es por ello que se creó en 1937 la Organización Defensiva de la Frontera Pirenaica. Durante la guerra la fortificación no fue una prioridad, pero al finalizar esta pasó a ser uno de los objetivos prioritarios en cuanto a la defensa. Entonces se puso en marcha la construcción de fortificaciones y de carreteras con función militar a lo largo de toda la frontera con Francia, desde Gipuzkoa hasta Cataluña, que se alargaría durante toda la década de los años 40[2]. Para esa fortificación se dedicaron grandes cantidades de mano de obra,

Desde 1940, aparecen nuevos batallones (BDT, BDST y BDST-P), y en ellos se incluyó a jóvenes que tuvieron que hacer de nuevo el servicio militar tras haberlo realizado con la República.

La fortificación del Pirineo exigió una inversión ingente de mano de obra, maquinaria y dinero.

2   El proyecto más conocido es el que se inicia a partir de 1944, el que algunos autores han denominado la «Línea P» o «Línea Pirineos». Sin embargo, esa denominación no aparece en la documentación oficial, por lo que no parece adecuada la utilización del término (García Funes, 2017).

maquinaria, material y dinero, en un contexto de grandes dificultades económicas (García Funes, 2017).

En la primera fase de esa fortificación (1939-1942) fue fundamental la utilización de prisioneros, castigados en batallones de trabajo forzado (los BBTT, BDT y los BDST)[3].

Batallones de trabajo forzados en la fortificación del Pirineo en Navarra

La organización de todo el sistema de batallones de trabajo forzado posibilitó que muchas obras fueran realizadas en la guerra y la posguerra a base de mano de obra forzada, entre ellas la ya mencionada fortificación del Pirineo.

El trabajo principal de estos batallones fue la apertura de cuatro carreteras de montaña, así como la construcción de estructuras defensivas en la frontera con Francia entre 1939 y diciembre de 1942.

Para ello, a partir del verano de 1939, fueron enviados a Navarra cientos de prisioneros de guerra procedentes de los campos de concentración franquistas, los desafectos o afectos dudosos, enmarcados en Batallones de Trabajadores (los BBTT). Con la reorganización que hubo en 1940, estos batallones fueron sustituidos por los Batallones Disciplinarios de Trabajadores (BDT) y los Batallones Disciplinarios de Soldados Trabajadores (BDST). Así que a partir de ese año nuevos prisioneros (los declarados desafectos en las cajas de reclutas) llegaron a Navarra en esos batallones. «Sois las mulas de la nueva España» fue la frase que Rosendo Iturmendi, prisionero del BDST 6, oyó en Igal, una frase que dejaba claro cuál iba a ser la función de estos prisioneros a partir de entonces. El trabajo principal de estos batallones fue el de la apertura de cuatro carreteras de montaña (para conectar valles pirenaicos y facilitar la movilidad del ejército en caso de una invasión), así como la construcción de estructuras defensivas como búnkeres,

Búnker en Baztan. Iñaki Vigor.

3 En la fortificación del Pirineo navarro no se utilizaron los Batallones de Soldados de Trabajadores de Penados (BDST P).

nidos de ametralladoras, etc., en la frontera con Francia (ver cuadro en anexo 1). Para la construcción de estas carreteras y fortificaciones entre 1939 y diciembre de 1942 se puede constatar la presencia en Navarra de más de 15.000 prisioneros trabajando en los distintos batallones (Mendiola, 2012; García Funes, 2021).

Cuando estos batallones se fueron de Navarra en 1942, la construcción de las carreteras (al igual que otras del Pirineo abiertas con prisioneros) y la fortificación estaba aún sin terminar. A partir de entonces, los trabajos restantes fueron realizados por soldados que cumplían el servicio militar (en esta unidad no nos adentramos en esta realidad, que, por otra parte, está muy poco estudiada).

Por lo tanto, queremos remarcar que en esta propuesta nos centraremos únicamente en la construcción de la fortificación y carreteras que se hizo mediante el uso de mano de obra forzada en batallones (1939-1942).

Guía de investigación y actividades. Secuenciación temporal

Mediante esta propuesta didáctica pretendemos que el alumnado responda a una serie de cuestiones en torno al trabajo forzado de estos batallones en la fortificación del Pirineo navarro y la construcción de carreteras con fines militares entre 1939 y 1942, de tal forma que vayan descubriendo cuál fue la realidad de esta modalidad represiva.

- ¿Quiénes vinieron y por qué? (Contexto histórico)
- ¿De dónde vinieron?
- ¿En qué pueblos de Navarra estuvieron?
- ¿Cómo fue su experiencia?
- ¿Qué impacto tuvo en los pueblos y en sus familias?

Para contestar a estas preguntas utilizarán una serie de fuentes históricas que les distribuirá el profesorado. En el anexo 1 se explica con más precisión qué información dan las fuentes.

Fuentes primarias

Fuentes orales
Testimonios de prisioneros que estuvieron en Igal, Vidángoz, Roncal, Bera y Lesaka; testimonios de familiares y gente de los pueblos donde estuvieron haciendo trabajos forzados (solo adjuntamos de Igal, Vidángoz, Roncal y Lesaka).

Documentación de archivos
- **Diario de viaje** al Roncal de **Joan Cabestany** (prisionero en Roncal).
- **Fotos de barracón**, Lesaka e Igal, así como del edificio de la Escuela Julián Gayarre, de Roncal (1918).
- **Informes sobre la conducta** de los prisioneros.
- **Queja del Ayuntamiento de Vidángoz** sobre el impago de leña.
- **Queja de la maestra de Roncal** de 1939.
- **Informe del asesinato** por intento de fuga en Lesaka.
- **Queja de la panadera de Burguete.**

Fuentes secundarias

- **Textos** del catálogo de *Fronteras de Hormigón* (www.fronterasdehormigon.com) donde se explica de forma muy breve la fortificación del Pirineo y la construcción de carreteras, así como la utilización del trabajo forzado para ello.
- **Cuadro** que recoge todos los batallones que hubo en Navarra haciendo carreteras y fortificando con mano de obra forzada desde 1939 a 1942. Este cuadro recoge las localidades donde estuvieron.
- **Mapa digital** sobre la procedencia de los prisioneros que trabajaron en la carretera de Igal-Vidángoz-Roncal.
- **Cartel** sobre el homenaje al prisionero Cecilio Gallego en el 2010, asesinado en un intento de fuga.

Además, proponemos la geolocalización en el mapa de algunos de los restos arqueológicos que quedan hoy de esa fortificación. Para ello les facilitamos las coordenadas (ver anexo 2), así como las carreteras que siguen utilizándose hoy en día (ver cuadro en anexo).

Para la reflexión sobre la nueva fortificación del Pirineo y las nuevas formas de trabajo forzado, adjuntamos el enlace a tres breves vídeos (ver actividad 7). En total, proponemos siete actividades y diez sesiones (orientativo) para realizarlas (ver cuadro en anexo de fuentes).

Producto final

Proponemos que el alumnado presente una serie de trabajos:

- **Cuaderno de trabajo** con las preguntas contestadas y la ficha de trabajo de una actividad (fuentes consultadas, información recabada y dificultades que han encontrado).

- Una **presentación** con las respuestas a las preguntas planteadas, en la que tendrán que citar y adjuntar las fuentes que han utilizado. Cuantas más citen y adjunten, más se valorará en la evaluación. Para la presentación proponemos herramientas como Genially, Google Site, Prezi, Canva, etc., a elección del profesorado o alumnado.

- **Geolocalización** en Google Earth de parte de los restos de fortificación y carreteras que se realizaron en Navarra en la posguerra mediante trabajo forzado (se adjunta un tutorial 🔗).

- **Reflexión** escrita sobre la utilidad de estudiar este pasado, sobre la nueva «fortificación» del Pirineo y otras fronteras para personas migrantes/refugiadas, así como el trabajo forzado en la actualidad. Se propone una reflexión grupal, pero queda a elección del profesorado que sea individual.

Actividades propuestas

NOTA: Todos los instrumentos de evaluación están también detallados en las respectivas guías del alumnado mediante una propuesta que contendrá una plantilla de registro y una rúbrica.

Sesión 1.ª

Actividad 1. **Actividad de motivación**
La carretera que une los pueblos de Igal (valle de Salazar) con el pueblo de Vidángoz (valle del Roncal) es una de las cuatro carreteras que se empezaron a construir con mano de obra forzada al terminar la guerra.
Comenzamos la unidad con el visionado del vídeo *Carretera de Igal a Vidángoz, lugar de memoria* –

Después de verlo el alumnado responderá en grupo a estas preguntas.
• ¿Dónde está situada la carretera que aparece en el vídeo?
  ¿Sabríais situar los pueblos que se ven en el mapa? ¿En qué valles se encuentran?
• Además de la carretera, en el vídeo se ven unas construcciones.
  ¿Qué os han sugerido que pudieron ser? ¿Por qué?
  ¿Os atreveríais a situarlas en un contexto histórico?
• ¿Qué otros elementos aparecen a lo largo del vídeo?
  ¿Qué os han sugerido?
• ¿Qué montes, algunos nevados, se ven al fondo de la carretera?
• Al principio y al final del vídeo aparece un logo donde pone «Lugares de Memoria»
  ¿A qué puede hacer referencia eso?

Una vez contestadas en el cuaderno de trabajo, se hará una puesta en común para ver qué les ha sugerido el vídeo. Mientras se corrige se puede volver a ver de nuevo. Se pueden recoger en la pizarra las ideas que el profesorado considere más relevantes.

Actividad 2.
Identificación y clasificación de las fuentes

En un cuadro que tendrá el alumnado en su material, deben apuntar qué fuentes tienen en el anexo (testimonios, informes de conducta, mapa, etc.) y clasificarlas (fuente primaria o secundaria). De esta forma, las tienen ya localizadas y ordenadas, y aprenden qué tipo de fuentes históricas hay (para ello sería conveniente que se explique con anterioridad qué son fuentes primarias y secundarias).

Una vez que hayan hecho la clasificación, se pueden corregir entre todos y todas.

Fuentes primarias	Fuentes secundarias
Testimonios de prisioneros, gente de los pueblos y de familiares	Textos de *Fronteras de Hormigón*
Informes de conducta	Cartel del homenaje a Cecilio Gallego
Diario de Joan Cabestany	Mapa digital de procedencia de los prisioneros de la carretera Igal-Vidángoz-Roncal
Fotos de barracones (Igal y Lesaka)	
Foto de la escuela de Roncal	
Informe de fuga y muerte	
Carta del Ayuntamiento de Vidángoz	
Queja de la maestra de Roncal	
Queja de la panadera de Burguete	

Sesiones 2.ª y 3.ª

Actividad 3.
¿Quiénes vinieron y por qué vinieron?
El contexto histórico del trabajo forzado y la fortificación del Pirineo

Contextualizamos estos trabajos forzados en el franquismo y la fortificación del Pirineo mediante la **lectura de dos textos de *Fronteras de Hormigón*** que se encuentran entre las fuentes. Por lo tanto, ese día trabajaremos principalmente con esa fuente.

El alumnado tendrá que responder a **unas preguntas** sobre los textos (se encuentran en su material) y **se corregirán en clase** entre todos y todas. La puesta en común en clase antes de seguir adelante es importante, para que quede claro el contexto y puedan comprenderlo.

Además de esos textos, para la respuesta de esas preguntas el alumnado dispondrá de ***tres informes sobre la conducta de tres prisioneros que estuvieron haciendo trabajos forzados en Navarra***, para que entiendan por qué se les castigaba a hacer trabajos forzados. En la guía del alumnado se les plantea también alguna pregunta sobre esos informes, para que sepan qué tienen que hacer con ellos.

Sesiones 4.ª, 5.ª y 6.ª (orientativo)

En las siguientes sesiones van a **ir respondiendo a las demás preguntas, consultando el resto de fuentes** que tienen en el anexo 1. Como en la actividad 2 las han identificado, eso les servirá de ayuda.

La información que vayan recogiendo tendrán que **apuntarla en la ficha de trabajo**, de tal forma que con ella puedan realizar la presentación final.

Actividad 4.
Interrogamos a las fuentes en busca de información:
¿De dónde vinieron? ¿Cómo fue su experiencia?
¿Qué impacto tuvieron en los pueblos y en las familias de los prisioneros?

Fuentes que tendrán para responder a estas preguntas (ver anexo 1).

¿Dé dónde vinieron?

(De dónde eran los prisioneros y qué recorrido podían hacer antes de llegar a Navarra).

Los prisioneros venían de todo el Estado, si bien es cierto que en las fuentes que adjuntamos sobre todo proceden de Andalucía, Bizkaia, Cataluña, Asturias y Toledo. Antes de llegar a Navarra podían hacer un periplo por diferentes sitios, y en Navarra también los cambiaban de localidad.

FUENTES

- **Fondo Documental de la Memoria Histórica en Navarra**: mapa con la procedencia de prisioneros en la carretera Igal (valle de Salazar) y Roncal (pueblos de Vidángoz y Roncal) 🖉
- **Libreta de Joan Cabestany** (prisionero catalán) contando el viaje que hizo antes de que los mandaran al valle de Roncal. En esta libreta se puede ver en qué lugares podían estar antes de llegar a Navarra.
- **Testimonio de prisioneros**: de Toledo, Bizkaia, Andalucía, Asturias, etc. (con esos testimonios ya saben de dónde vinieron algunos).

En la guía del alumnado se les plantea preguntas también sobre alguna fuente, para que sepan qué hacer con ellas.

¿Cómo fue su experiencia?

Los testimonios de prisioneros entrevistados del archivo oral de la asociación Memoriaren Bideak (https://memoriarenbideak.eus/) dejan claro que la experiencia de estos prisioneros fue muy dura: hambre, frío, disciplina en el trabajo, castigos, miedo, etc. Para ver cómo fue su experiencia el alumnado dispondrá de estas fuentes:

FUENTES

- **Testimonios de prisioneros** donde cuentan el hambre, el frío, cómo eran los barracones donde dormían, los castigos, etc.
- **Testimonios de gente de los pueblos** donde se comprueba que pasaban hambre.
- **Informe** sobre una fuga **y un cartel** de un homenaje al **prisionero asesinado** Cecilio Gallego, de Don Benito (Badajoz).
- **Fotos de barracones donde vivían los prisioneros en algunas localidades** para que se hagan una idea de cómo eran.
- **Foto de la escuela de Roncal** en 1918, para que se hagan una idea de cómo sería en 1939.

¿Qué impacto tuvieron en los pueblos y en las familias de los prisioneros?

Los trabajos forzados no solo tuvieron repercusión en los propios prisioneros, sino también en los pueblos donde estuvieron y en sus familias. En los pueblos, porque les trastocó su día a día en muchos aspectos (ocupación de casas, ocupación de la escuela en Roncal, problemas de higiene, robos por hambre, pérdida de bosque para leña con destino a los batallones, etc.); y en las propias familias de los prisioneros también tuvieron mucha repercusión (incertidumbre y miedo por no saber si estarían vivos, problemas económicos en la familia por estar varios miembros en prisión o en el batallón, el papel de las madres, etc.).

FUENTES

- **Testimonios de gente de los pueblos** donde se quejan de la ocupación de las casas por parte de los militares o de los problemas de higiene que causaba el hacinamiento de los prisioneros.
- **Queja del Ayuntamiento de Vidángoz** por el impago de la leña consumida por un batallón.
- **Queja de la maestra de Roncal** en 1939.
- **Testimonios de familiares** de prisioneros.
- **Queja de la panadera del Burguete** en 1940.

Sesiones 7.ª y 8.ª

Actividad 5.
Geolocalización de los espacios de trabajo forzado en el Pirineo navarro

1. A partir del **cuadro sobre batallones en la construcción de carreteras y fortificaciones** (ver anexo de fuentes) tendrán que enumerar las localidades donde hubo batallones trabajando en la fortificación y las carreteras construidas con este sistema.

2. **Geolocalización** de algunos de los restos de nidos de ametralladora y/o búnkeres; y de los pueblos que unen las carreteras que se empezaron a hacer con trabajo forzado; Oiartzun-Lesaka, Irurita-Artesiaga, Egozkue-Iragi, Igal-Vidángoz-Roncal (para la localización de estos pueblos no se facilitan las coordenadas).

En los nidos de ametralladora y búnkeres tendrán que adjuntar una foto e información complementaria. Para ello podrán consultar: www.espaciosdememoria.com/es/espacios-de-memoria); y en el caso de las carreteras, tendrán que marcarla con una línea/ruta. Además, se puede visitar la página de Geoportal de Navarra (https://geoportal.navarra.es/es/) y buscar mapas históricos de las mismas zonas para que el alumnado los compare con la actualidad.

Roncal (Navarra). 1918. Escuela de Roncal. ES/NA/AGN/F156/FOT_ALTADILL_C_144.

Sesión 9.ª

Actividad 6.
Realización de la presentación

En esta sesión el alumnado tendrá que preparar la presentación que deberá entregar y donde explicará el trabajo forzado en la fortificación del Pirineo navarro. En la presentación tendrán que citar las fuentes de donde han sacado la información y deberán adjuntar alguna (cuantas más mejor). El alumnado decidirá qué formato utiliza.

Sesión 10.ª

Actividad 7.
¿Para qué estudiar esto?

Mediante el visionado de tres breves vídeos (y, opcionalmente, de un documental), se pretende plantear un debate entre todas y todos, que sirva para hacer la reflexión final que tendrán que presentar por escrito: ¿Para qué hacer memoria de estos sucesos del pasado? ¿Hacia una «nueva fortificación» del Pirineo? La gestión de la frontera en el caso de las personas migrantes y/o refugiadas, ¿qué otras formas adquiere el trabajo forzado en la actualidad? ¿A qué grupos afecta?

La carretera de Igal a Vidángoz, lugar de memoria: ¿qué nos sugiere ahora?

Estos son los vídeos que se proponen:

- Reflexión de Susana Lusar, directora de la escuela de Roncal en 2017, en el homenaje a los prisioneros en el Alto de Igal-Vidángoz en 2017. Habla de la necesidad, por medio de la educación, de dar a conocer a nuestros jóvenes ese pasado del que algunas personas todavía no quieren hablar por miedo; hace una reflexión en torno a una pregunta hecha por un alumno, «pero esto no puede volver a pasar, ¿verdad?»; habla también de la memoria histórica como instrumento imprescindible para hacer justicia, para traspasar el conocimiento a las generaciones siguientes 🔗
- Tráiler del documental dirigido por Fermín Muguruza «Bidasoa 2018-2023», en el que se ve qué está ocurriendo con las personas migrantes en el Bidasoa, en la frontera con Francia 🔗
- Para profundizar en el debate en torno a las fronteras en la actualidad con el alumnado, se puede visionar el documental del Instituto Navarro de la Memoria, *Mugarantz. Hacia la frontera*, dirigido por Aritz Gorostiaga.
- Vídeo que hay en el informe de la OIT sobre trabajo forzado. En el vídeo se ve qué tipo de trabajos forzados se dan hoy en día y qué personas los están sufriendo 🔗

Después del debate entre toda la clase, deben hacer la reflexión escrita, donde se valorará que hayan recogido ideas que han salido en el debate de clase e ideas que aporta el grupo. La reflexión se puede pedir dentro de la presentación que deben hacer o en un formato distinto (un breve texto, por ejemplo).

RÚBRICA PARA EVALUACIÓN DEL TRABAJO EN EQUIPO Y DEL TRABAJO REALIZADO

Criterio de evaluación	Muy bien (1 - 0,8 puntos)	Bien (0,7 - 0,6 p.)	A medias (0,5 - 0,4 p.)	Insuficiente (0,3 - 0 p.)	Puntos
Trabajo en equipo (1 punto)	Todos los miembros del equipo han trabajado mucho, han demostrado interés y han ido apuntando el trabajo regularmente en el diario.	Los miembros del equipo han trabajado y han mostrado interés, aunque algunas veces les ha costado ponerse a trabajar o se han despistado; algunos días no han apuntado todo el trabajo en el diario.	En general les ha costado trabajar, se han despistado bastante, han demostrado poco interés y muchos días no han apuntado el trabajo en el diario.	No han trabajado, se han despistado muchísimo y no han mostrado ningún interés. El diario está prácticamente sin hacer.	(x1)
Cuaderno de trabajo (1 punto)	Tienen todas las actividades realizadas; han contestado a todas las preguntas y han rellenado la ficha de trabajo durante las sesiones correspondientes.	Tienen casi todas las actividades realizadas; han contestado a casi todas las preguntas y han rellenado la ficha de trabajo durante las sesiones correspondientes.	Tienen actividades casi sin hacer y bastantes preguntas sin contestar, y en la ficha de trabajo falta bastante información porque no han trabajado todas las sesiones.	Tienen casi todas las actividades y preguntas sin contestar; la ficha de trabajo está casi sin hacer porque no han trabajado todas las sesiones.	(x1)
Expresión escrita (1 punto)	La expresión es muy buena, no cometen faltas de ortografía; utilizan los conceptos de forma correcta.	La expresión es buena, aunque hay alguna falta de ortografía; utilizan los conceptos de forma correcta.	La expresión no es buena, hay bastantes faltas de ortografía; no siempre utilizan los conceptos de forma correcta.	La expresión es mala, con muchas faltas de ortografía; no utilizan los conceptos de forma correcta.	(x1)
Contenido de la presentación sobre trabajo forzado (4 puntos)	El contenido está muy bien, han contestado a todas las preguntas, utilizando la información de todas las fuentes. Han citado las fuentes de forma correcta y han adjuntado muchas.	El contenido está bien, han contestando a todas las preguntas, pero les falta información y no citan siempre la fuente o no la adjuntan.	El contenido no está bien, falta información, hay preguntas que no contestan, no han utilizado todas las fuentes y muy pocas las citan o las adjuntan.	El contenido está mal, no han contestado la mayoría de las preguntas, no han consultado las fuentes y no las citan ni las adjuntan.	(x4)
Geolocalización (1 punto)	Han geolocalizado todos los lugares, adjuntando fotos y han añadido información sobre todos los lugares geolocalizados.	Han geolocalizado todos los lugares, adjuntando fotos; han añadido información sobre algunos lugares.	Han geolocalizado todos los lugares, adjuntando fotos; pero no han añadido información.	No han geolocalizado todos los lugares, no han adjuntando fotos ni información sobre lugares geolocalizados.	(x1)
Reflexión escrita (2 puntos)	Han hecho una reflexión muy rica sobre los todos los aspectos pedidos, han tenido en cuenta el debate en clase y han aportado ideas propias.	Han hecho una reflexión rica sobre los todos los aspectos pedidos, han tenido bastante en cuenta el debate en clase, aunque no han aportado ideas propias.	Han hecho una reflexión pobre, sin incidir sobre los aspectos pedidos, no han tenido en cuenta el debate en clase y no han aportado ideas propias.	Han hecho una reflexión muy pobre, sin incidir en ninguno de los los aspectos pedidos, no han tenido en cuenta el debate en clase y no han aportado ninguna idea.	(x2)

Para saber más:
Bibliografía, webs, documentales

Lecturas
(selección, se proporciona
enlace a internet cuando es posible)

García Funes, Juan Carlos (2022). *Desafectos. Batallones de trabajo forzado en el Franquismo.* Granada: Comares.

García Funes, Juan Carlos (2017). *Informe sobre la actividad forzada de cautivos en el Pirineo navarro durante la Guerra Civil y el Franquismo para el Instituto Navarro de la Memoria Gobierno de Navarra* <https://www.fronterasdehormigon.com/wp-content/uploads/2022/01/Informe_Fronteras_de_Hormigon.pdf>.

García Funes, Juan Carlos (2018). «Batallones de trabajo forzado del sistema concentracionario franquista: organización, desarrollo y cuantificación de mano de obra cautiva», en Gómez Bravo, Gutmaro eta Martín Nájera, Aurelio (coords.). *A vida o muerte: persecución a los republicanos españoles.* Fondo de Cultura Económica.

Mendiola Gonzalo, Fernando y Beaumont Esandi, Edurne (2006). *Esclavos del Franquismo en el Pirineo.* Tafalla: Txalaparta.

Mendiola Gonzalo, Fernando (2012). «El impacto de los trabajos forzados en la economía vascona-varra (1937-1945)». *Investigaciones de Historia Económica*, 8 (2), pp. 104–116 <https://recyt.fecyt.es/index.php/IHE/article/view/70433>.

Zuazua, Nicolás, Zuza, Carlos y Arteta, Eduardo (2020). «Arqueología de la fortificación del Pirineo en Navarra». *Huarte de San Juan Geografía e Historia*, 27, pp. 95-142. <https://doi.org/10.48035/rhsj-gh.27.5>.

Organero, Ángel (2015). *Batallón de pico y pala: cautivos toledanos en Navarra (Lesaka, 1939-1942).* Pamplona: Pamiela. < https://dialnet.unirioja.es/servlet/libro?codigo=583414>.

Audiovisuales

Desafectos. Esclavos del Franquismo en el Pirineo, Colectivo Eguzki Bideoak. www.youtube.com/watch?v=NQFJvSj903g

Los búnkeres de Franco. La fortificación del Pirineo en Auritz-Burguete. Aritz Gorostiaga. www.youtube.com/watch?v=H8vrSdGmLLk

Mugarantz. Hacia la frontera. Aritz Gorostiaga. Instituto Navarro de la Memoria.

Webs (selección)

Oroibidea.
https://oroibidea.es

Espacios de memoria.
https://www.espaciosdememoria.com/eu

Fronteras de Hormigón.
https://www.fronterasdehormigon.com/eu

Fondo Documental de la Memoria Histórica en Navarra.
https://memoria-oroimena.unavarra.es

Anexo 1.
Fuentes para el alumnado

Nota: Estas fuentes se incluyen en esta guía en formato reducido, a título orientativo para el profesorado. Las versiones para imprimir se recogen en el *Cuaderno del alumnado*.

Informes de conducta

Informes de conducta sobre personas que estuvieron haciendo trabajos forzados en Navarra, para que vean algún **ejemplo de los criterios que seguían para castigarlos a hacer trabajos forzados**; y un informe donde declaran desafecto a un prisionero (Fuente: Archivo General Militar de Guadalajara).

- Informe hecho en el Ayuntamiento de Zierbena (Bizkaia) sobre el prisionero Eladio Hernández Sánchez, en el que habla de que tuvo buena conducta antes del «Glorioso Alzamiento», que estuvo voluntario en el «Ejército Rojo» y que tenía ideas comunistas.

- Informe de FET y de las JONS sobre Rosendo Iturmendi, de Gipuzkoa, donde se dice que estuvo afiliado al PNV, que participó en la guerra contra el «Glorioso Alzamiento» y que fue partidario de los partidos del Frente Popular.

- Informe de FET y de las JONS de Galera (Granada) sobre Domingo Martínez Domingo, en el que se dice que tuvo buena conducta antes de la guerra y que se incorporó al ejército cuando llamaron a su quinta.

- Informe de la Caja de Reclutas de Granada de Domingo Martínez Domingo, en el que lo declaran desafecto.

Informe sobre fugas y muertes

- Se adjunta un informe de la Subinspección de Batallones Disciplinarios en que se da noticia de **un intento de fuga** del prisionero Doroteo Serrano Lázaro, BDST 13 en Lesaka, y de que el prisionero resultó **muerto** (Fuente: Archivo General Militar de Guadalajara).

- Cartel sobre el homenaje que se hizo a **Cecilio Gallego** en su localidad natal, Don Benito (Badajoz), en el año 2010. En el cartel pone que, estando prisionero en Roncal, fue asesinado en 1939 cuando intentó huir.

Libreta del prisionero Joan Cabestany

Es la foto de una libreta donde el prisionero de Barcelona Joan Cabestany, del Batallón 127 en Roncal, fue apuntando **los sitios en los que estuvo antes de llegar al valle de Roncal**. En la libreta recoge apuntes del año 1938, estando en el frente; recoge las fechas en que sus padres le contestaron a una carta; en la tercera foto comienza a contar desde el 31 de enero de 1939; en la última página recoge las fechas de los días que llegó a Baztán, luego a Roncal y de allá a Vidángoz.

No nos interesa que el alumnado recoja todo el viaje de este prisionero, pero sí que vean **la movilidad que podían tener estos batallones**.

Fotos de barracones

Se adjuntan dos fotos de barracones, que les permitirán hacerse una idea de **cómo eran los barracones** en donde vivían los prisioneros.

- Foto del prisionero vizcaíno Manolo Santamaría junto a un barracón de Igal (foto cedida por su hijo Xabier Santamaría-Amurrio. Se puede ver que el barracón estaba hecho con unas tablas y con el techo de chapa

- Foto de barracón en Lesaka (cedida por el prisionero Ángel Santesteban, prisionero en el BDST 14, en Lesaka).

Testimonios sobre la experiencia de los prisioneros en los batallones de trabajo forzado

Testimonios sobre el hambre y el frío que pasaban; sobre **cómo eran los barracones** en los que vivían; sobre el trabajo que tenían que hacer (fortificar, picar carreteras...); **los castigos**; y **la corrupción** en el batallón.

Testimonios y documentación sobre el impacto de los batallones de trabajo forzado en los pueblos

- **Carta de la maestra de la escuela de niñas de Roncal**, Valentina Anaut Inda, escrita en diciembre de 1939 y dirigida al Ayuntamiento de Roncal, donde se queja de que se ha quedado sin piso porque el Batallón ocupa el recinto escolar; pide en la carta que se haga un cambio, y que ella pueda ir al piso que hay en la escuela y el batallón pase a ocupar el que le han cedido a ella (Fuente: Archivo Municipal de Roncal)

- **Queja del Ayuntamiento de Vidángoz** hecha en 1940 al jefe del Batallón 85, porque no se les ha pagado la leña que el pueblo ha dado para la cocina de las compañías 1.ª y 2.ª del Batallón 127 y 106, refundidas en el Batallón 85; se queja de que un comunal de robles ha quedado arrasado para suministrar la leña, y pide que se les pague (Fuente: Archivo Municipal de Vidángoz).

- **Foto de las escuelas de Roncal** de 1918 (Fuente: Fototeca Altadill), para que se hagan una idea de cómo podía ser la escuela en 1939 (la escuela fue utilizada por los BBTT 127 y 106, de ahí la queja de la maestra).

- **Testimonios de gente de Igal, Vidángoz y Roncal** sobre el impacto de los batallones en el pueblo. Testimonio sobre robos de los prisioneros por el hambre; testimonio diciendo que llenaron el pueblo de sarna (debido al hacinamiento y falta de higiene de los prisioneros); queja de que los militares ocupaban las casas de los vecinos; testimonio sobre el asesinato de un prisionero en Vidángoz; testimonio de una exalumna de la escuela de Roncal diciendo que tuvieron que salir de la escuela para que la ocupara el batallón (Fuente: Archivo Oral de la asociación Memoriaren Bideak).

- **Queja de la panadera de Burguete** en 1940 porque no le han pagado todavía el pan consumido por el BBTT 129 (el batallón ya no estaba en Burguete). Con esta queja también se ve que con la presencia de los batallones hubo quien tuvo un beneficio económico.

Impacto del trabajo forzado en las familias de los prisioneros

- Testimonios de prisioneros en los que reconocen que **fueron sus madres las que tuvieron que mantener a la familia** (por estar el padre preso y ellos en el batallón).

- **Visitas a los prisioneros:** testimonio de la pareja de un prisionero que fue a visitarlo; ayuda de las madres al prisionero; testimonio de la mujer de un prisionero que fue a visitarlo con su hija.

- Testimonio de la hermana de un prisionero, en la que muestra **la preocupación de la familia por no saber si estaba vivo.**

- **Ayudas de las familias a los prisioneros:** testimonio de un prisionero andaluz en Igal que cuenta cómo le mandaron un paquete con comida y llegó en mal estado.

- **Testimonio de la pareja de un prisionero:** se quedó con la hija, y cuando el prisionero volvió, ella estaba más delgada que él (demuestra las dificultades de las madres para sacar adelante a la familia estando el marido, en este caso, prisionero).

(Fuente: Archivo Oral de la asociación Memoriaren Bideak).

Construyendo
LA "FRONTERA INFRANQUEABLE" PIRENAICA

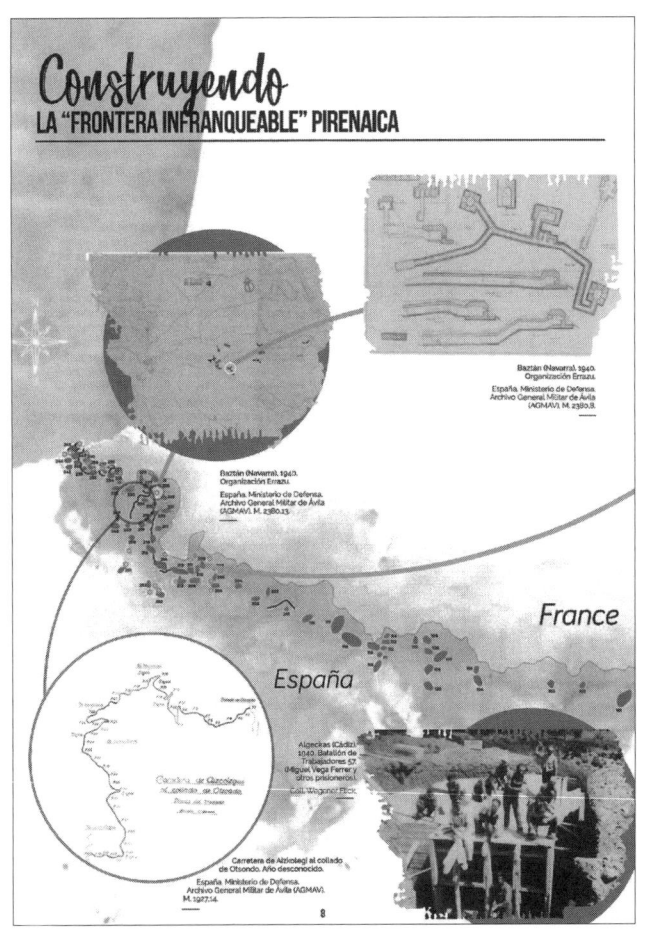

Baztán (Navarra). 1940.
Organización Errazu.
España. Ministerio de Defensa.
Archivo General Militar de Ávila
(AGMAV). M. 2380.8.

Baztán (Navarra). 1940.
Organización Errazu.
España. Ministerio de Defensa.
Archivo General Militar de Ávila
(AGMAV). M. 2380.13.

France

España

Cadena de Guildeguy
Camino de Ossava
Plano del trazado

Algeciras (Cádiz).
1940. Batallón de
Trabajadores 57
(Miguel Vega Ferrer y
otros prisioneros).
Coll. Wegener Flick.

Carretera de Altziloki al collado
de Otsondo. Año desconocido.
España. Ministerio de Defensa.
Archivo General Militar de Ávila (AGMAV).
M. 1977.14.

Desde el inicio de la Guerra Civil española, los sublevados muestran gran interés por controlar la frontera francesa. Soldados, milicias de Falange y Requeté patrullan los pasos fronterizos y la muga, dando inicio a décadas de fuerte presencia militar en todo el Pirineo.

El nuevo régimen desea convertir a los Pirineos en una barrera infranqueable y construye centenares de fortificaciones que cubren de hormigón sus laderas y valles. El objetivo es defender la "Nueva España" ante eventuales invasiones desde Francia.

La fortificación se construye en dos grandes fases. La primera (Organización Defensiva de la Frontera Pirenaica) abarca la frontera del área vasco-navarra y el Pirineo catalán y se lleva a cabo en 1939. A partir de 1944 se ejecuta la segunda (Organización Defensiva del Pirineo) que abarca el conjunto del Pirineo. El fin de la guerra mundial, favorable a los Aliados contra el Eje, acelera los trabajos de esta segunda fase que se prolongan hasta 1958.

Estructurada a través de 169 Centros de Resistencia (CR), se extiende a lo largo de casi 500 kilómetros, desde el Cantábrico hasta el Mediterráneo. Solo en el área de Gipuzkoa y Navarra se levantan 1.836 búnkeres de los 2.884 inicialmente previstos. En Cataluña, son 2.853 de los 5.800 planeados.

Un elemento fundamental de la fortificación es la construcción de carreteras y pistas de montaña. Su objetivo es unir los diferentes valles pirenaicos, de este a oeste, y facilitar el acceso a los propios búnkeres, observatorios, refugios, barracones, etc.

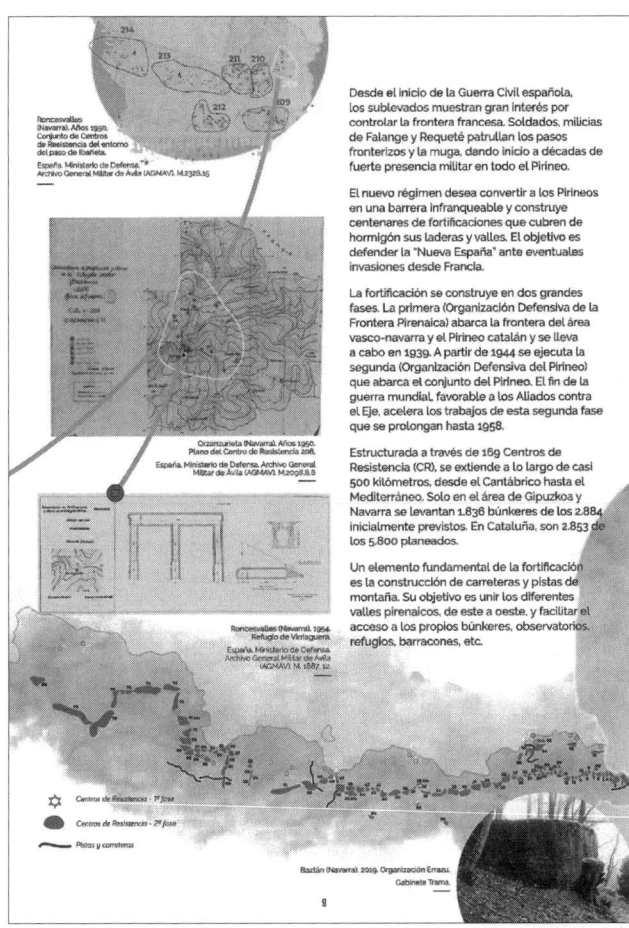

Roncesvalles
(Navarra). Años 1991.
Conjunto de Centros
de Resistencia del entorno
del paso de Ibañeta.
España. Ministerio de Defensa.
Archivo General Militar de Ávila (AGMAV). M.2328.15

Orzanzurieta (Navarra). Años 1950.
Plano del Centro de Resistencia 208.
España. Ministerio de Defensa.
Militar de Ávila (AGMAV). M.2098.8.8

Roncesvalles (Navarra). 1954.
Refugio de Viriiaguerra.
España. Ministerio de Defensa.
Archivo General Militar de Ávila
(AGMAV). M. 1887. 10.

☆ Centros de Resistencia - 1ª fase
◉ Centros de Resistencia - 2ª fase
— Pistas y carreteras

Baztán (Navarra). 2019. Organización Errazu.
Gabinete Trama.

¿Quiénes construyen
LAS FORTIFICACIONES DE LOS PIRINEOS?

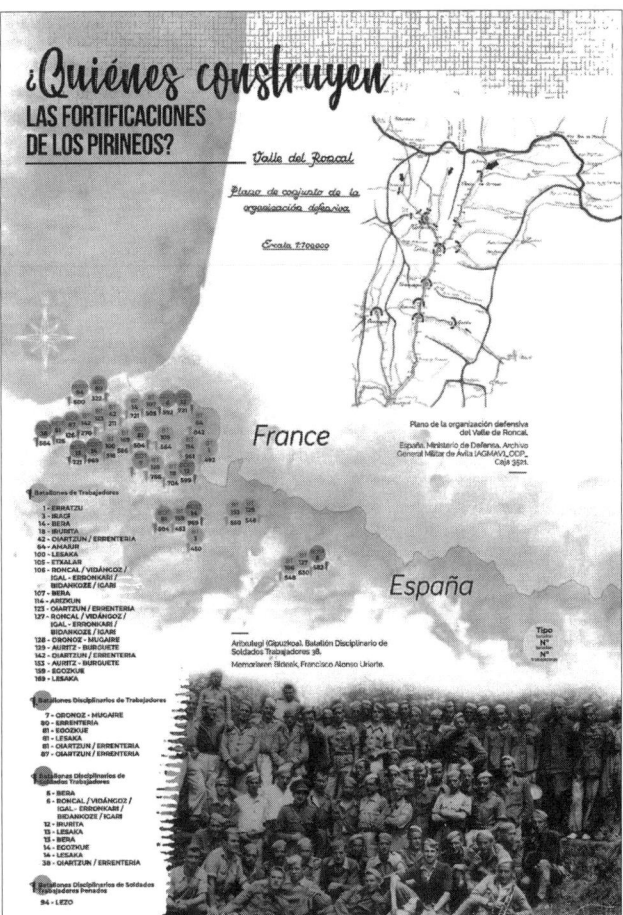

Valle del Roncal
Plano de conjunto de la
organización defensiva
Escala 1:100000

France

España

Plano de la organización defensiva
del Valle de Roncal.
España. Ministerio de Defensa. Archivo
General Militar de Ávila (AGMAV).
Caja 3521.

Tipo
Nº
Nº batallones

Batallones de Trabajadores
1 - ERRATZU
13 - IRACE
5 - BERA
16 - IRURITA
42 - OIARTZUN / ERRENTERIA
64 - ANAUIN
100 - LESAKA
105 - ETXALAR
106 - RONCAL / VIDÁNKOZ /
IGAL - ERRONKARI /
BIDANKOZE / IGARI
107 - BERA
114 - ARIZKUN
122 - OIARTZUN / ERRENTERIA
127 - RONCAL / VIDÁNKOZ /
IGAL - ERRONKARI /
BIDANKOZE / IGARI
128 - ORONOZ - MUGAIRE
129 - AURITZ - BURGUETE
142 - OIARTZUN / ERRENTERIA
153 - AURITZ - BURGUETE
159 - EGOZKUE
169 - LESAKA

Batallones Disciplinarios de Trabajadores
7 - ORONOZ - MUGAIRE
80 - ERRENTERIA
81 - EGOZKUE
81 - LESAKA
81 - OIARTZUN / ERRENTERIA
87 - OIARTZUN / ERRENTERIA

Batallones Disciplinarios de Soldados Trabajadores
5 - BERA
6 - RONCAL / VIDÁNKOZ /
IGAL - ERRONKARI /
BIDANKOZE / IGARI
12 - IRURITA
13 - LESAKA
13 - BERA
14 - EGOTXUE
14 - LESAKA
38 - OIARTZUN / ERRENTERIA

Batallones Disciplinarios de Soldados Trabajadores Penados
94 - LEZO

Aribulegi (Gipuzkoa). Batallón Disciplinario de
Soldados Trabajadores 38.
Memoriaren Bideak, Francisco Alonso Uriarte.

El Pirineo es fortificado con diversos tipos de mano de obra forzada, bien en batallones dependientes del sistema concentracionario, en el marco de la represión política de los vencidos, bien en unidades militares compuestas por soldados de leva que tienen que soportar un largo servicio militar.

Finalizada la guerra, el Pirineo es el destino de varios batallones de trabajo forzado dependientes de la Inspección de Campos de Concentración. Durante 1939, están formados principalmente por prisioneros de guerra que han sido clasificados ideológicamente en campos de concentración como "desafectos" al llamado "Glorioso Movimiento Nacional". Son categorizados así incluso si, simplemente, su simpatía por el régimen es dudosa.

Estos batallones se reorganizan en 1940 con jóvenes combatientes republicanos obligados a realizar el servicio militar de nuevo (sin considerar el realizado con la República durante la guerra) o con nuevos reclutas incorporados al sistema concentracionario tras ser clasificados como "desafectos". En el Pirineo vasco-navarro trabajan en estos batallones, al menos, 20.000 cautivos entre 1939 y 1942.

Por otro lado, está sin confirmar todavía el número de soldados de reemplazo que trabajan en las fortificaciones, si bien sabemos que fueron miles, especialmente, a partir de 1943.

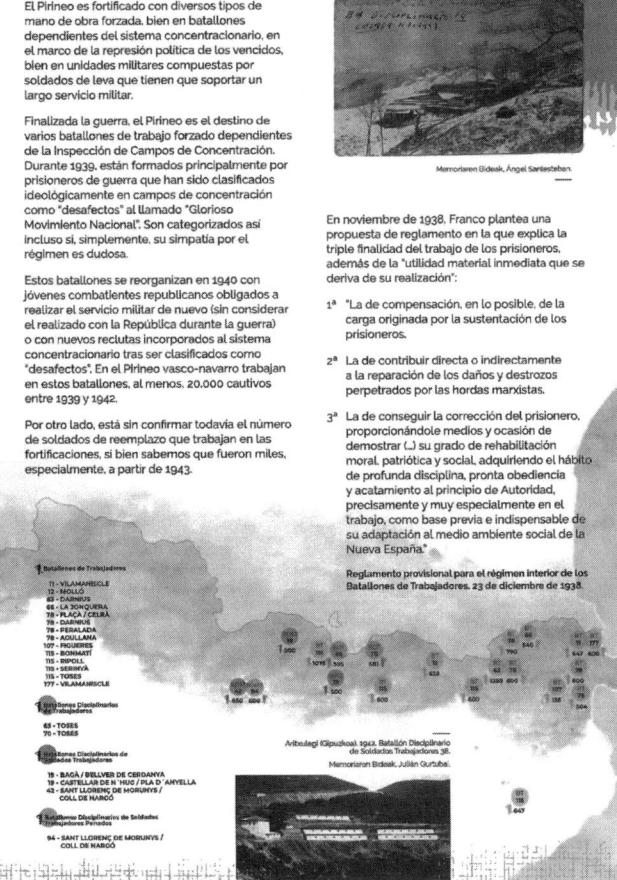

Memoriaren Bideak, Ángel Santesteban.

En noviembre de 1938, Franco plantea una propuesta de reglamento en la que explica la triple finalidad del trabajo de los prisioneros, además de la "utilidad material inmediata que se deriva de su realización":

1ª "La de compensación, en lo posible, de la carga originada por la sustentación de los prisioneros.

2ª La de contribuir directa o indirectamente a la reparación de los daños y destrozos perpetrados por las hordas marxistas.

3ª La de conseguir la corrección del prisionero, proporcionándole medios y ocasión de demostrar (...) su grado de rehabilitación moral, patriótica y social, adquiriendo el hábito de profunda disciplina, pronta obediencia y acatamiento al principio de Autoridad, precisamente y muy especialmente en el trabajo, como base previa e indispensable de su adaptación al medio ambiente social de la Nueva España."

Reglamento provisional para el régimen interior de los
Batallones de Trabajadores. 23 de diciembre de 1938.

Batallones de Trabajadores
11 - VILAMANISCLE
13 - MOLLÓ
63 - DARNIUS
66 - LA JONQUERA
78 - PLAÇA / CERLÀ
79 - DARNIUS
79 - PERALADA
79 - AGULLANA
107 - FIGUERES
115 - BONMATÍ
115 - RIPOLL
115 - SERINYÀ
115 - TOSES
177 - VILAMANISCLE

Batallones Disciplinarios de Trabajadores
65 - TOSES
70 - TOSES

Batallones Disciplinarios de Soldados Trabajadores
19 - BAGÀ / BELLVER DE CERDANYA
42 - CASTELLAR DE N´HUG / PLA D´ANYELLA
42 - SANT LLORENÇ DE MORUNYS /
COLL DE NARGÓ

Batallones Disciplinarios de Soldados Trabajadores Penados
94 - SANT LLORENÇ DE MORUNYS /
COLL DE NARGÓ

Aribulegi (Gipuzkoa). 1941. Batallón Disciplinario
de Soldados Trabajadores 38.
Memoriaren Bideak, Julián Gurtubai.

Material extraído del folleto Fronteras de Hormigón (https://www.fronterasdehormigon.com).

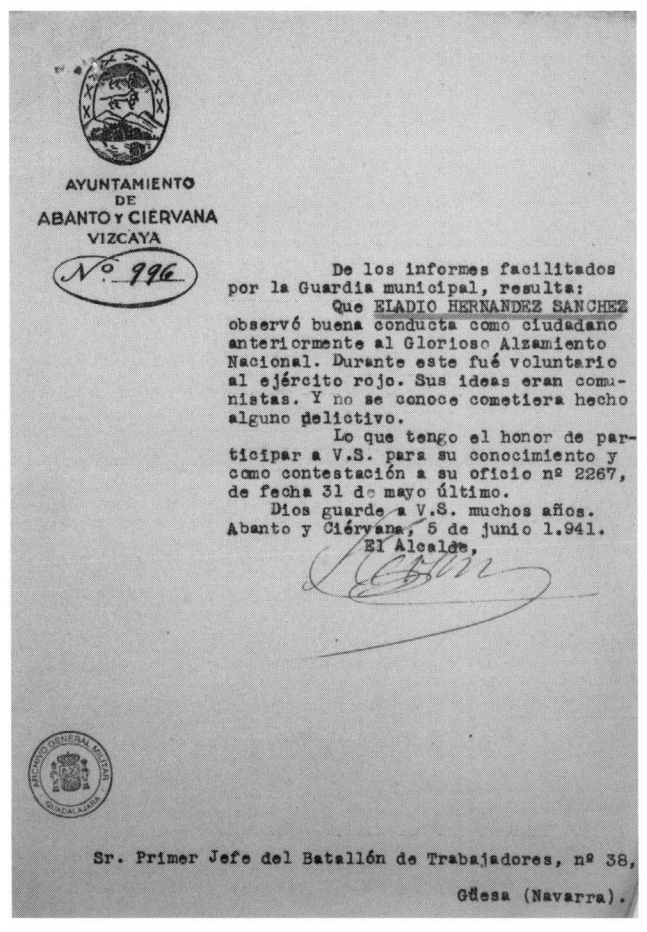

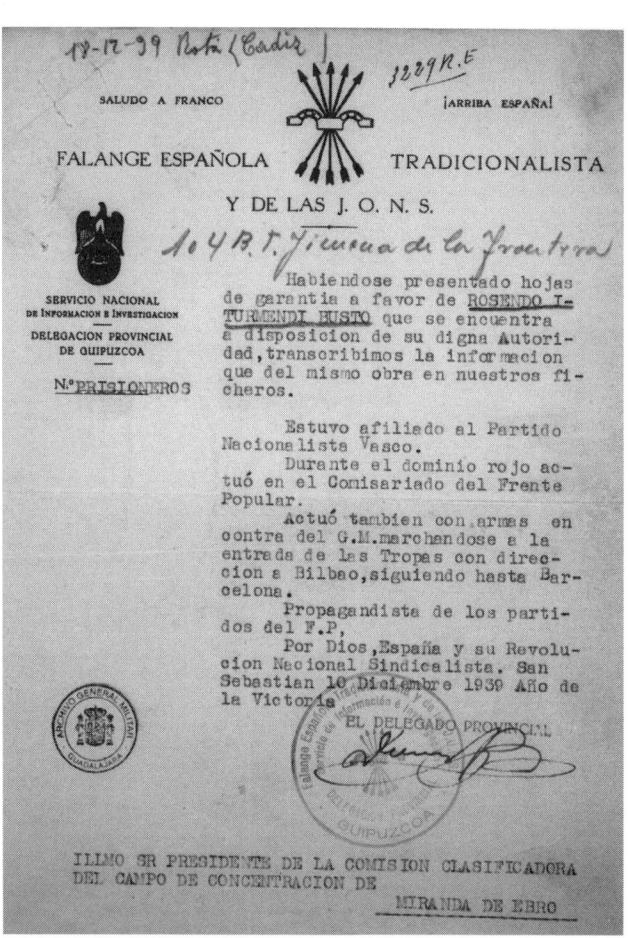

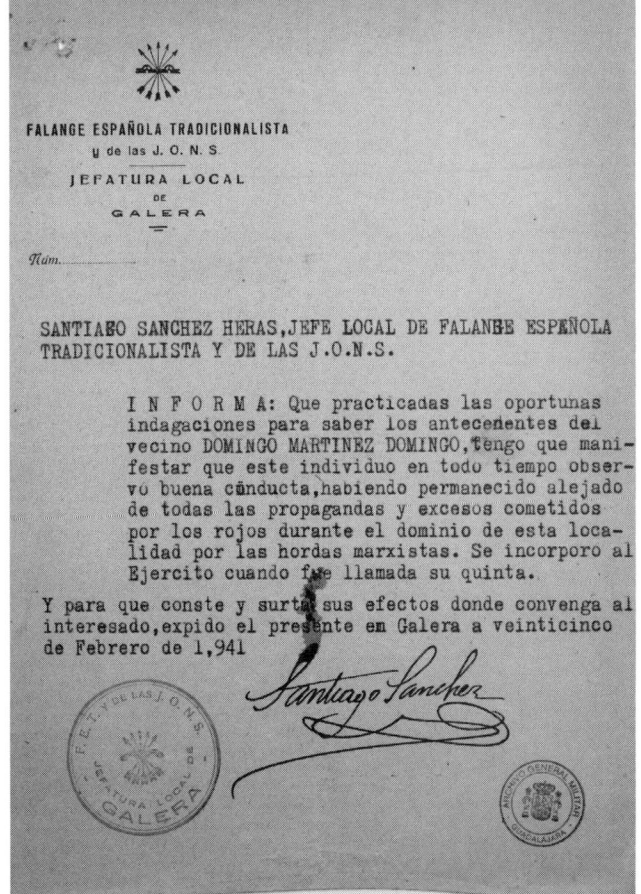

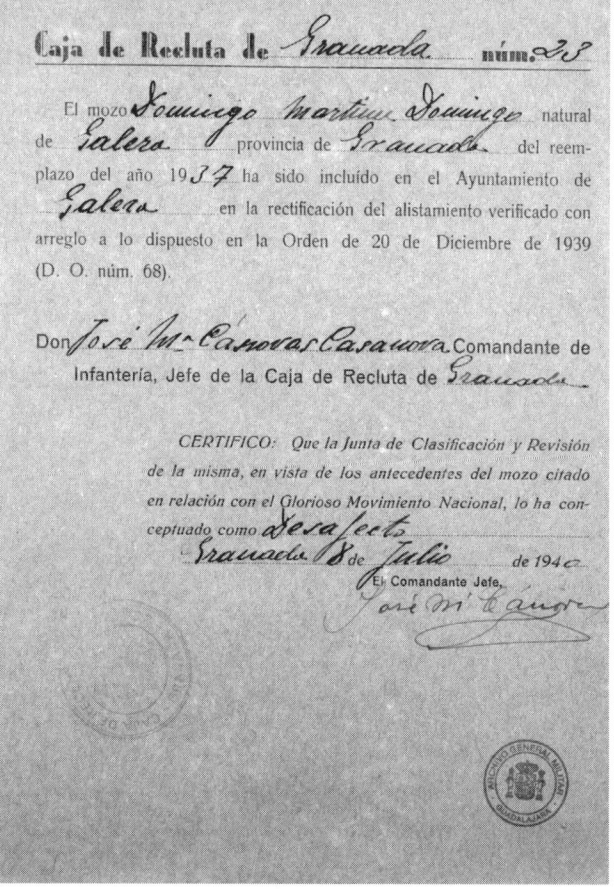

Informes de conducta. Informe hecho en el Ayuntamiento de Zierbena (Bizkaia) sobre el prisionero Eladio Hernández Sánchez. Informe de FET y de las JONS sobre Rosendo Iturmendi. Informe de FET y de las JONS de Galera (Granada) sobre Domingo Martínez Domingo (Fuente: Archivo Militar de Guadalajara).

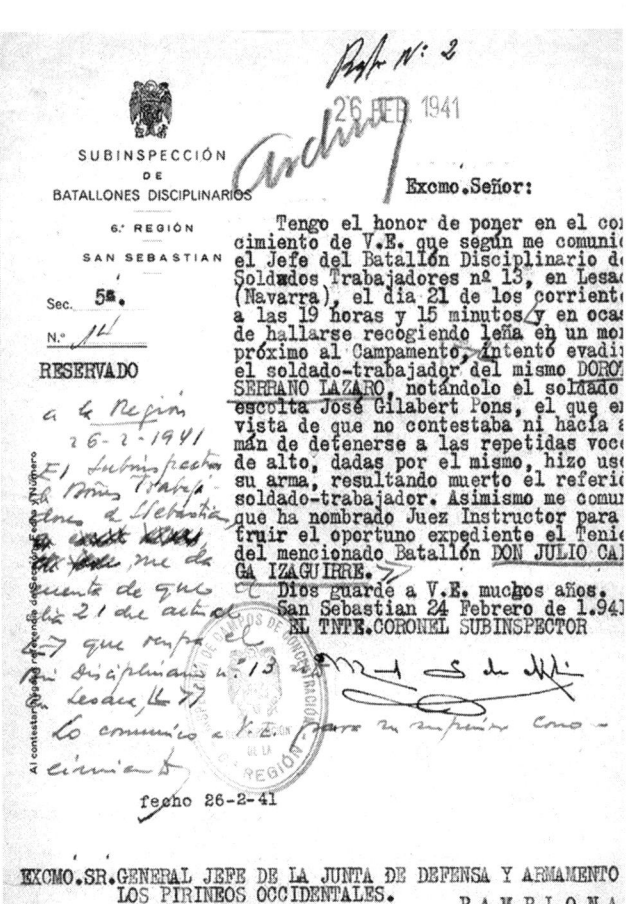

Informe de la Subinspección de Batallones Disciplinarios en que da noticia de un intento de fuga del prisionero Doroteo Serrano Lázaro (Fuente: Archivo General Militar de Guadalajara). Cartel sobre el homenaje que se hizo a Cecilio Gallego en su localidad natal, Don Benito (Badajoz), en el año 2010.

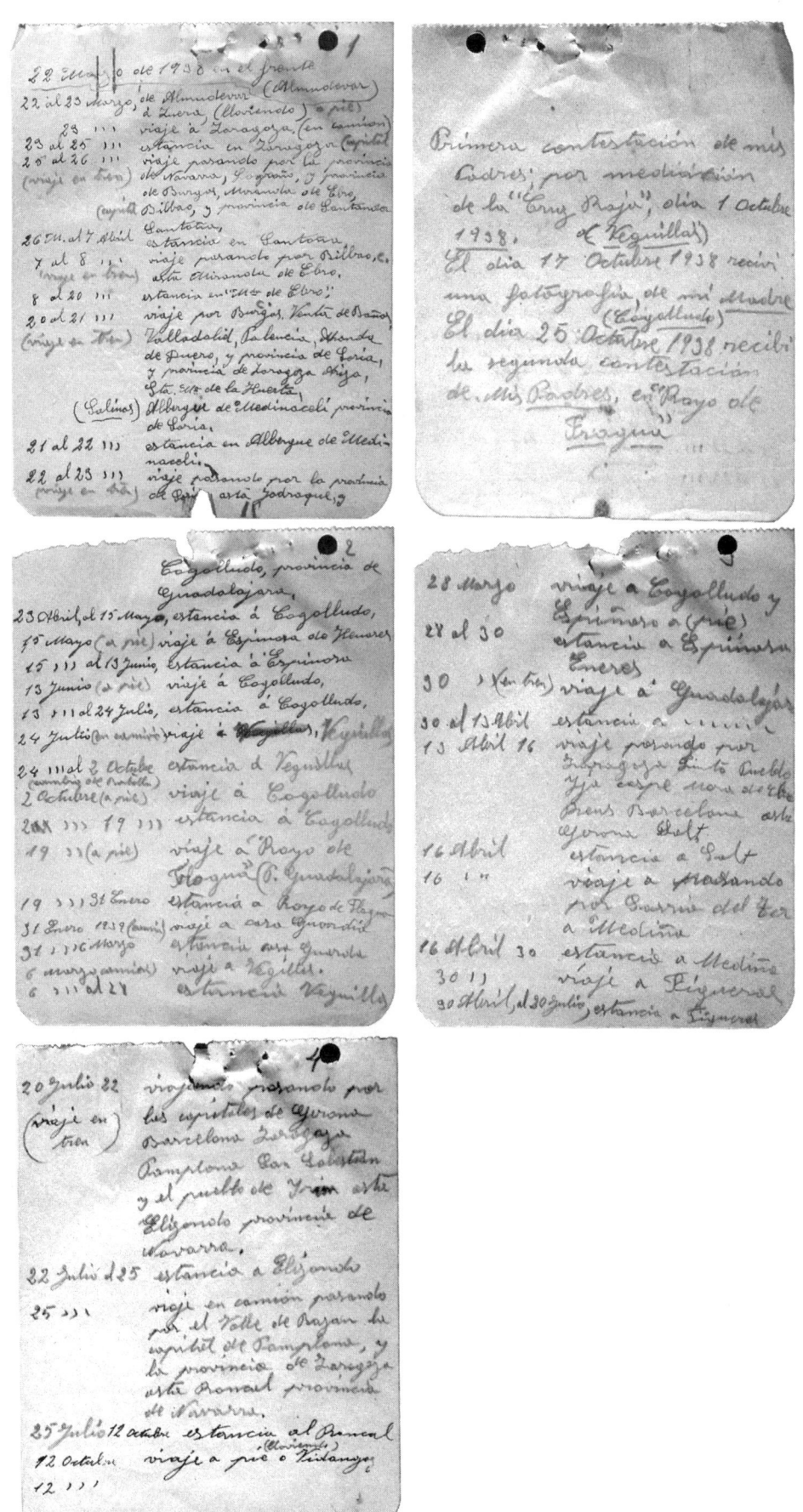

Libreta del prisionero Joan Cabestany. Foto de una libreta donde el prisionero de Barcelona Joan Cabestany, del Batallón 127 en Roncal, fue apuntando los sitios en los que estuvo antes de llegar al valle de Roncal (Fuente: Archivo de la asociación Memoriaren Bideak).

Fotos de barracones. Foto del prisionero vizcaíno Manolo Santamaría junto a un barracón de Igal (foto cedida por su hijo Xabier Santamaría-Amurrio). Foto de barracón en Lesaka (cedida por el prisionero Angel Santesteban, prisionero en el BDST 14, en Lesaka).

Testimonios de prisioneros

Testimonios de prisioneros sobre la experiencia en los batallones de trabajo forzado. Testimonios sobre el hambre y el frío que pasaban; sobre cómo eran los barracones en los que vivían; sobre el trabajo que tenían que hacer (fortificar, picar carreteras...); los castigos; y la corrupción en el batallón. Fuente: Archivo oral de la asociación Memoriaren Bideak.

«En Rota ya organizaron los batallones y nos mandan al norte a fortificar, desafecto, y en varias coplas cantábamos eso, mandados al norte a fortificar».
Antonio Viedma, Galera (Granada), prisionero en el batallón BDST6 en Igal y en Bera[1].

«Los barracones están hechos, una pared de piedra, con tablones de madera, con ranuras para meter tablas, hicieron dos pisos para dormir, y arriba pusieron chapa, pero cuando ya nevó aquello, pues nevaba y el aire nos metía la nieve entre las mantas, y así aguantabas, debajo de las mantas, con la cabeza debajo, y respirar como los gorriones, para tomar calor».
«Picar la carretera. Unos picaban la piedra, otros con la pala sacar la tierra y otros con un carretón llevarla a la orilla, algunos días echaban perrea, y el que no terminaba la tarea le hacían ir de noche con un centinela apuntándole, para que la terminara».
Andrés Millán, Huéscar (Granada), prisionero en el batallón BDST 6 en Igal (posteriormente en Bera).

«Y a la caldera no iban más que los huesos. Y el que pillara un hueso de aquello era, era, no habían huesos pa todos. Se dio el caso de uno roer un hueso, y otro ir a buscarlo... y despúes tirarlo e ir otro y seguir royendo, porque había mucha hambre».
«Y luego, a los 6 ó 7 meses pues ya nos echaron al Bidasoa, a Bera de Bidasoa, un pueblacho grande que allí había una fábrica de martillos... y allí también estuvimos pues haciendo carreteras, en la misma trinchera!.. Y allí, pues allí ya lo pasamos algo mejor».
Antonio Viedma, Galera (Granada), prisionero en el batallón BDST6 en Igal y en Bera.

«Pegarnos trabajando sí, porque como los escoltas que teníamos la mayoría eran analfabetos, que no tenían conocimiento de ninguna clase, pues les decían: "en cuanto estén parados, ¡atizarles, atizarles!"(...)».
«Cuando teníamos descuidos, allí había como en todas partes, gente célebre, y nos poníamos a resguardo y el uno contaba una cosa, el otro echaba chistes, pero en cuanto sentíamos ¡aire! ¡Todo el mundo al pico!».
Domingo Martínez, Galera (Granada), prisionero en el batallón BDST 6 en Igal y Bera.

«Aquella carretera iba partiendo la frontera, y allí levantamos un muro que de fondo a abajo llevaba 6 metros, no vayas a pensar que no metimos cemento y peñones!».
«Aquello no era un puesto de ametralladoras ni nada de eso, era como un puesto de observación, para si te pasabas o no te pasabas. Por eso había que tener cuidau con pasarte, que se pasaban muchos a cambiar lo que tenían o a comprar. Comprarlo allá en Francia para volver aquella noche también. Otros para estraperlo, compraban allí y vendían al otro lado tabaco. Nosotros lo que más teníamos era tabaco, allí en Francia tenían papel y otras cosas».
«Estábamos trabajando en la misma frontera. Cuando llovía había una cantina, la mitad en Francia y la otra mitad de España. Así que si querías tomar un vino en Francia, te ponías en un lado; si querías tomarlo en España, pues te ponías al otro!».
Domingo Martínez, Galera (Granada), prisionero en el batallón BDST 6 en Bera (anteriormente en Igal).

«Y allí te echaban al pelotón de castigo. Yo estuve nueve días en el pelotón de castigo, y allí llevábamos una piedra, que pesaba unos doce kilos, o por ahí, y nos la ataban con unos alambres, aquí al cuello, que dolía luego aquello, ¡en la rabadilla! ¡En el hueso del espinazo! ¡no te dolía aquello! Pués así estuve yo nueve días, en el pelotón de castigo que llamaban».
Luis Cano, Alcalá la Real (Jaén), prisionero en el batallón BDST 6 en Igal y Bera.

«De Guadalajara nos marchamos a la parte de Elizondo, a Maya-Baztán, que luego estaba Otsondo, el puerto que va para Francia, ahí estuvimos haciendo fortines de hormigón, enfrente de donde termina lo que es España-Francia, allí hicimos fortines de hormigón que se pasaban subterráneos de un sitio a otro, y haciendo pistas también ahí estuvimos mucho tiempo».
«Los escoltas se prestaban voluntarios para pegar. A uno le abrieron la cabeza, pero a palo limpio, aquello era espantoso. Ibas a por el rancho y tenías que darle la cara al cabo, que estaba allí plantado. Si no lo hacías, ya estaba el palo! Así estaban constantemente».
Basilio Hérraez, Putxeta (Bizkaia), prisionero en el batallón BDST 14 en Lesaka.

«Si llovía mucho o hacía mucho frío nos metían a pelar patatas para la cocina y allá aprovechabas porque tenías tanta hambre que comías las patatas como estaban, les quitabas las peladuras y las comías así!
El campamento que teníamos eran unos barracones... ellos que estaban con estufa y nosotros con frío, sufrías una barbaridad!».
Angel Santesteban (Bizkaia), prisionero en el batallón BDST 14 en Lesaka.

---

1 El BDST 6 de Igal fue trasladado a Bera en junio de 1941 (Mendiola y Beaumont, 2006).

«Me acuerdo de una noche que quise salir a orinar y le pedí permiso al centinela ¡y me dió un ostiazo que me echó al suelo! Y otro pidió permiso para lo mismo y lo dejaron tumbado en el suelo, ¡no quiero ni recordar, le aplicaron la ley de fugas y ¡todavía le dieron permiso al cabo por hacerlo!».
José María Dapena, Pontevedra (Galicia), prisionero en el batallón BDST 38 en Vidángoz.

«Fueron dos años insoportables, trabajábamos haciendo carreteras. La comida era escasísima y malísima. Las lentejas, las judías, los garbanzos y las patatas tenían gusanos. Los domingos, cuando nos obligaban a ir a misa, nos escoltaban hasta el pueblo de Lesaka. En las aceras se ponían las gentes del pueblo (...), nosotros nos apañamos para darles las cartas y que las echaran al correo, sin que pasaran por la censura, nos daban manzanas y lo poco que tenían».
Jesús López (Toledo), prisionero en el batallón BDST 14 en Lesaka.

«Encerrados allí, dormir, por la mañana levantarnos, llevarnos al río a lavarnos, darnos un poco de café negro y luego a la carretera, a trabajar. Unos picábamos tierra, y paleando y haciendo canal de carretera (...)».
José García Faya, Mieres (Asturias), prisionero en el batallón BBTT 106 en Roncal.

«Pasamos mucha hambre porque el alférez y el cabo (los muy sinvergüenzas) vendían la comida que era para el batallón, aceite, garbanzos, todo lo que podían. Hacían estraperlo ¡¡con nuestra comida!! La que se supone que era para los presos de los campos, y a nosotros no nos quedaba qué comer».
José Barajas, de Jaén, prisionero en el batallón BDST 6 en Igal y en Bera.

«Al día siguiente nos mandaron para los batallones a los que estábamos destinados. Creo que el Batallón de Trabajadores era el 27, valle del Roncal, el último pueblo fronterizo con Francia, en donde se hacían unos senderos por la montaña. Desde el inmediato hasta el mismo pueblo fuimos a pie, la frase más impresionante que he oído fue preguntarle un niño a su madre si nosotros éramos "los rojos", a lo que le contestó la madre que sí, y él dijo: "pues no tienen cuernos ni cola"».
Adenso Dapena, de Pontevedra, prisionero en el batallón BBTT 127 en Roncal.

«Te veías rebajado, te veías, no sé, que por una cosa o por otra, te querían eliminar, o por hambre o trabajando, a ver si se te bajaba la moral o perdías la dignidad (...). Yo por lo menos no, y como yo, muchos; en los ratos que nos juntábamos nos dábamos moral y no nos dejamos caer».
Felix Padín, de Bilbao, prisionero en el batallón BDST 38 en Vidángoz.

Testimonios de gente de los pueblos

Testimonios de la población local sobre el impacto de los batallones de trabajos forzados en los pueblos. Testimonios de gente de Igal, Vidángoz y Roncal. Fuente: Archivo oral de la asociación Memoriaren Bideak.

«Aquí estaban los oficiales, comían, ¡armaban cada bronca! Nos ocuparon media casa, y no creas que era por nuestro capricho; en aquella época a esa gente le tenías que hacer el saludo, y ¡a callar!».
Fortunato Jaúregi, Igal.

«Hacían lo que querían (refiriéndose a los oficiales), ¡nadie les decía nada!... Nosotros en la cocina, ellos en la habitación, y siempre para arriba y para abajo, ¡era un incordio! Osea, que no mandabas ni en lo tuyo».
María Jaúregi, Igal.

«Nos llenaron de sarna (...) estuvimos una cuadrilla de años con la sarna, ¡y no se quitaba comoquiera!».
Florencio Moso, Igal.

«Después mataron a uno también al ladico de casa, y el padre y la madre, "no salgáis", la sangre bajaba por la calles»[2].
Marcelino Pasquel, Vidángoz.

«Solíamos matar tres cerdos en casa; entonces echábamos al caldero grande que decíamos, unas pocas berzas, una remolacha y encima una cesta de patatas, para los cerdos, cocidas! Entonces tenían tanto hambre los trabajadores, que las pelaban y nos comían las patatas! Y el padre decía: "¡dejarles que las coman!", y dejábamos que se las comiesen».
Atanasia, de Casa Castillo, Vidángoz.

«Nos hicieron salir de la escuela, porque al acabar la guerra vinieron aquí los trabajadores, los prisioneros de guerra, y emplearon como cuartel las escuelas, y también usaron unos barracones que hoy en día se usan como establos (...), y a nosotros nos sacaron de la escuela del pueblo y nos llevaron, a las chicas a una casa del pueblo a los chicos a otra».
Inés Zazu, Roncal.

2 Hace referencia al asesinato de José Martín Ramón, natural de Gandía, que fue asesinado a las 24 horas del día 19 de noviembre de 1939, a la edad de 17 años, siendo la causa de su muerte «disparo de arma de fuego» (Archivo Municipal de Vidángoz, Registro Civil).

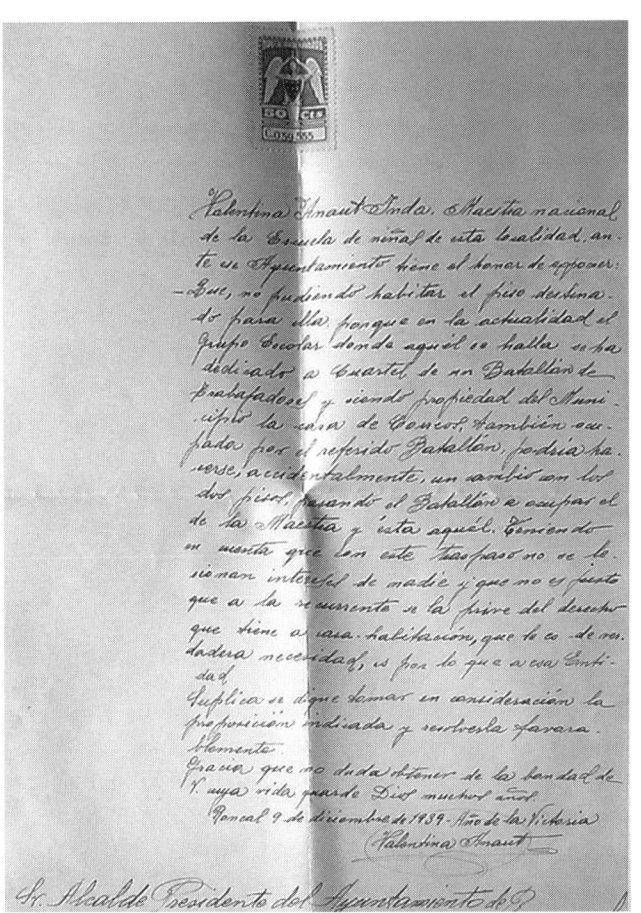

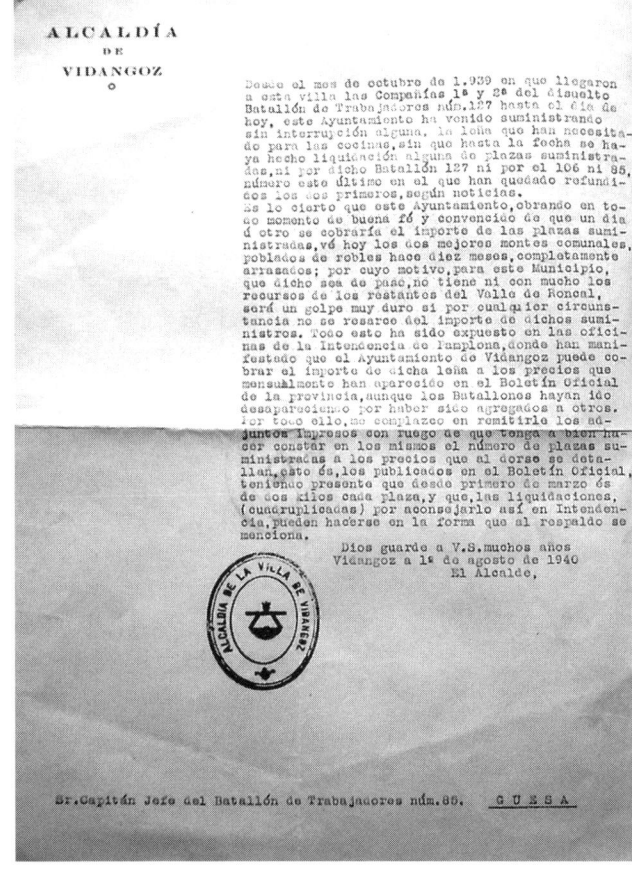

ALCALDÍA
DE
VIDÁNGOZ

Desde el mes de octubre de 1.939 en que llegaron a esta villa las Compañías 1ª y 2ª del disuelto Batallón de Trabajadores núm.127 hasta el día de hoy, este Ayuntamiento ha venido suministrando sin interrupción alguna, la leña que han necesitado para las cocinas, sin que hasta la fecha se haya hecho liquidación alguna de plazas suministradas, ni por dicho Batallón 127 ni por el 106 ni 85, número este último en el que han quedado refundidos los dos primeros, según noticias.

Es lo cierto que este Ayuntamiento, obrando en todo de momento de buena fé y convencido de que un día ú otro se cobraría el importe de las plazas suministradas, vé hoy los dos mejores montes comunales, poblados de robles hace diez meses, completamente arrasados; por cuyo motivo, para este Municipio, que dicho sea de paso, no tiene ni con mucho los recursos de los restantes del Valle de Roncal, será un golpe muy duro si por cualquier circunstancia no se resarce del importe de dichos suministros. Todo esto ha sido expuesto en las oficinas de la Intendencia de Pamplona, donde han manifestado que el Ayuntamiento de Vidángoz puede cobrar el importe de dicha leña a los precios que mensualmente han aparecido en el Boletín Oficial de la provincia, aunque los Batallones hayan ido desapareciendo por haber sido agregados a otros. Por todo ello, me complazco en remitirle los adjuntos impresos con ruego de que tenga a bien hacer constar en los mismos el número de plazas suministradas al dorso se detallan, esto es, los publicados en el Boletín Oficial, teniendo presente que desde primero de marzo es de dos kilos cada plaza, y que, las liquidaciones, (cuadruplicadas) por aconsejarlo así en Intendencia, pueden hacerse en la forma que al respaldo se menciona.

Dios guarde a V.S. muchos años.
Vidángoz a 1ª de agosto de 1940
El Alcalde,

Sr. Capitán Jefe del Batallón de Trabajadores núm.85.   G U E S A

La vecina de esta villa que ha suministrado las raciones de Pan a las fuerzas del Batallón de Trabajadores Nº.129, que estuvo destacado en Roncesvalles, me interesa gestione el cobro de 3214 raciones de Pan que el referido Batallón le adeuda por le suplido durante el mes de Enero ultimo; por tanto yo le ruego se interese con interes en el asunto a fin de que sea saldada esta cuenta, por lo que espero dará las ordenes oportunas al efecto.

Dios guarde a U.S. muchos años.
Burguete a 26 de Julio de 1940.
El Alcalde,

Iltme. Sr. Teniente Coronel del Bon. de Trabajadores Nº.129.
Palma de Mallorca.

Documento sobre el impacto de los batallones de trabajo forzado en los pueblos. Carta de la maestra de la escuela de niñas de Roncal, Valentina Anaut Inda (Fuente: Archivo Municipal de Roncal). Queja del Ayuntamiento de Vidángoz (Fuente: Archivo Municipal de Vidángoz). Queja de la panadera de Burguete. Escuelas de Roncal de 1918 (Fototeca Altadill).

Testimonios sobre las familias de los prisioneros

Testimonios sobre el impacto del trabajo forzado en las familias de los prisioneros. Testimonios de prisioneros en los que reconocen que fueron sus madres las que tuvieron que mantener a la familia. Visitas a los prisioneros: testimonio de la pareja de un prisionero; ayuda de las madres al prisionero; testimonio de la mujer de un prisionero que fue a visitarlo con su hija.Testimonio de la hermana de un prisionero. Ayudas de las familias a los prisioneros: testimonio de un prisionero andaluz en Igal. Testimonio de la pareja de un prisionero: se quedó con la hija. Fuente: Archivo Oral de la asociación Memoriaren Bideak.

«Ná más que pensando en ellos, si mandaban la baja, si no la mandaban (...). El pánico bien metío».
Concha Arjona, hermana de Rafael Arjona, prisionero del batallón BDST 6 en Igal y Bera.

«Yo me propuse ir a verlos. Mi viaje fue un dolor. Entre los familiares, a mí me hubiera gustado no ir sola, pero por represalias, todos decían que no. Alguna madre venía y me decía, «¿ya me llevarás el paquete? Y las madres hacían un paquetito con una tortilla, con lo que tenían; esos paquetes los forraban bien, y te los daban para fulano de tal (...)».
Marce Melgar (Bizkaia), compañera de José Múgica, prisionero en el batallón BDST 38 en Vidángoz.

«Pero digo, yo me voy, tuve valor y la gente se portó bien conmigo. "Dónde vas con esa niña?" Digo yo, "a ver a su padre, que lo tienen preso en Vidángoz"».
Basilia Miguel.

«La familia, imagínate: mi padre rojo, bueno rojos todos, en paro; mi hermano mayor, Jesús, en la cárcel (...), yo en el batallón de trabajadores... mi madre era una mujer muy habilidosa, sostuvo a toda la familia, cosiendo camisas, haciendo jerséis...».
Joaquín Laín (Valencia), prisionero en el batallón BDST 14 en Lesaka.

«Yo estaba preocupado por mi madre, que es la que trabajaba para todos».
Vicente Celis, de La Línea de la Concepción (Cádiz), prisionero en el batallón BDST 6, en Igal y Bera.

«Mi padre estaba preso, estaba mi madre con cinco hermanos en casa; estaba mi madre con cuatro o cinco vacuques que tenía, y eso fue la que la salvó para poder vivir, vendiendo leche y vendiendo la vaca».
José García Faya, de Mieres (Asturias), prisionero en el batallón BBTT 106 en Roncal.

«A mí me mandaron una vez un paquete, pero como los paquetes que mandaban de casa tardaban quince días o un mes en entregarlos, pues estaba casi todo echao a perder».
Manuel Soriano de Galera (Granada), prisionero en el batallón BDST en Igal y Bera.

«Cuando Pepe llegó de los batallones, yo pensé que no lo conocería, porque fueron ¡tres años! Yo pensé que estaría muy cambiado, no sabía cómo vendría ni en qué condiciones, por las cosas que pasó. Yo iba con mi hija, y resulta que el que no me conoció fue él, porque yo estaba delgadísima; de tanto padecer yo no era la misma Elena de cuando se fué».
Elena Díaz, compañera de José Barajas, prisionero en el batallón BDST 6, en Igal y Bera.

Batallones de trabajo forzado en carreteras y fortificaciones de frontera en Navarra

Localidades	Batallones	Año	N° Pris.
Fortificaciones en Auritz/Burguete y Orreaga/Roncesvalles	BBTT 129 y 153	1939	1.098
Fortificaciones en Baztan (Erratzu, Arizkun, Amaiur y Oronoz Mugaire)	BBTT 1, 64, 114 eta 128 y BD 7	1939-1940	3.463
Fortificaciones en Etxalar	BBTT 105	1939-1940	564
Fortificaciones en Bera	BBTT 14, 107; BDST 6 y 13	1939-1941	2.357
TOTAL FORTIFICACIONES			7.482

Localidades	Batallones	Año	N° Pris.
Carretera Egozkue-Iragi	BBTT 3, 159, BDT 81 y BDST 14	1939-1940	1.985
Carretera Roncal/Erronkari–Igari/Igari	BBTT 106, 127, BDST 6 y 38	1940-1941	2.354
Carretera Irurita–Artesiaga	BBTT 18, 159 y BDST 12	1939-1941	1.756
Carretera Oiartzun–Lesaka (tramo navarro, hasta Aritxulegi)	BBTT 100 y 169, BDT 81, BDST 14	1939-1945	2.702
TOTAL CARRETERAS			8.797

Fuente: Mendiola (2012) y García Funes (2021).

Batallones de trabajo forzado en carreteras y fortificaciones de frontera en Navarra. Mapa de procedencia de los prisioneros de la carretera Igal-Vidángoz- Roncal. https://memoria-oroimena.unavarra.es/españaCentros.

Anexo 2.
Mapa trabajos forzados en Navarra (1937-1942)

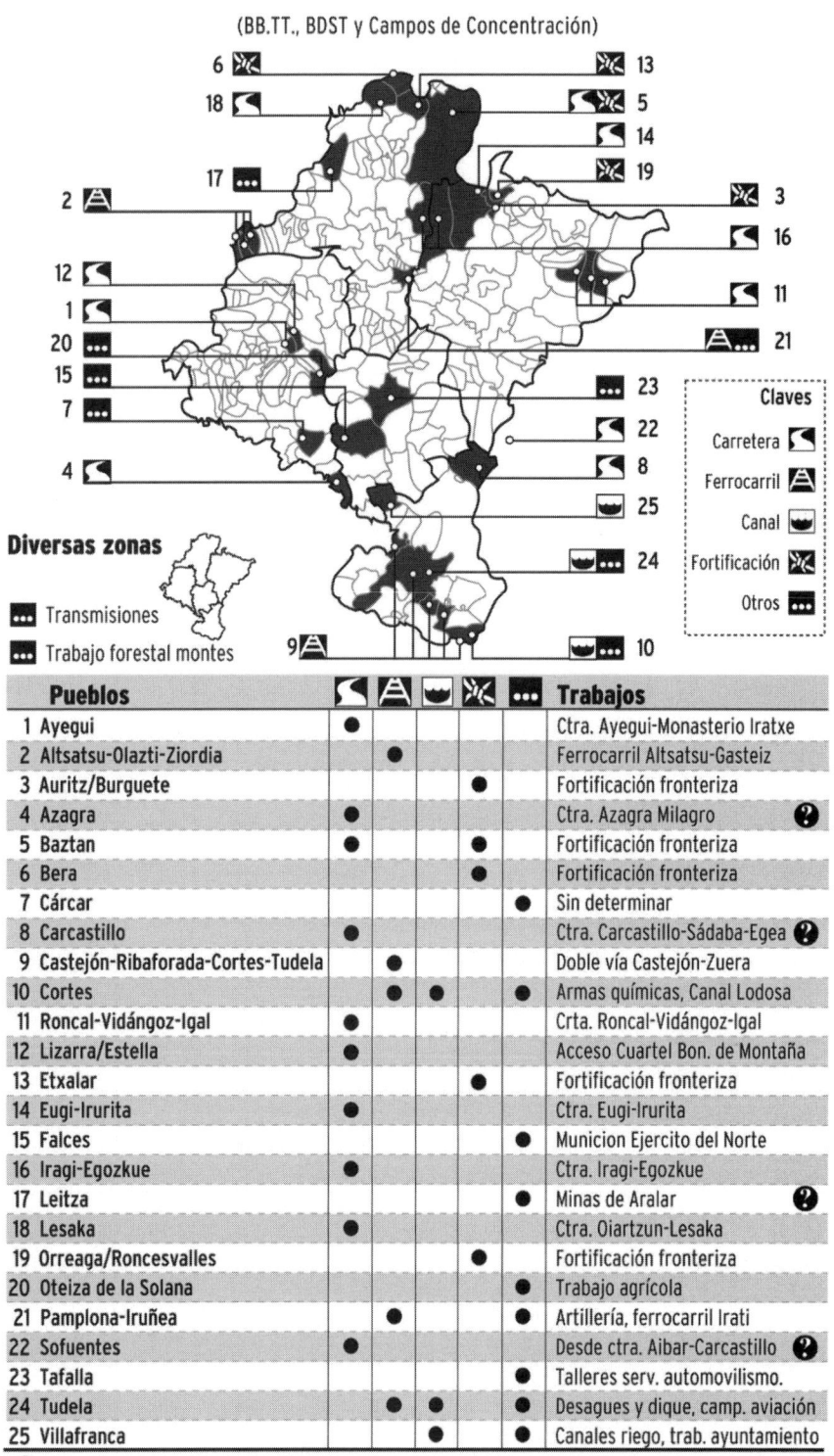

Pueblos	⚑	🛤	〰	✖	•••	Trabajos
1 Ayegui	●					Ctra. Ayegui-Monasterio Iratxe
2 Altsatsu-Olazti-Ziordia		●				Ferrocarril Altsatsu-Gasteiz
3 Auritz/Burguete				●		Fortificación fronteriza
4 Azagra	●					Ctra. Azagra Milagro ❓
5 Baztan	●			●		Fortificación fronteriza
6 Bera				●		Fortificación fronteriza
7 Cárcar					●	Sin determinar
8 Carcastillo	●					Ctra. Carcastillo-Sádaba-Egea ❓
9 Castejón-Ribaforada-Cortes-Tudela		●				Doble vía Castejón-Zuera
10 Cortes		●	●		●	Armas químicas, Canal Lodosa
11 Roncal-Vidángoz-Igal	●					Crta. Roncal-Vidángoz-Igal
12 Lizarra/Estella	●					Acceso Cuartel Bon. de Montaña
13 Etxalar				●		Fortificación fronteriza
14 Eugi-Irurita	●					Ctra. Eugi-Irurita
15 Falces					●	Municion Ejercito del Norte
16 Iragi-Egozkue	●					Ctra. Iragi-Egozkue
17 Leitza					●	Minas de Aralar ❓
18 Lesaka	●					Ctra. Oiartzun-Lesaka
19 Orreaga/Roncesvalles				●		Fortificación fronteriza
20 Oteiza de la Solana					●	Trabajo agrícola
21 Pamplona-Iruñea		●			●	Artillería, ferrocarril Irati
22 Sofuentes			●			Desde ctra. Aibar-Carcastillo ❓
23 Tafalla					●	Talleres serv. automovilismo.
24 Tudela		●	●		●	Desagues y dique, camp. aviación
25 Villafranca			●		●	Canales riego, trab. ayuntamiento

❓ Trabajo solicitado, realización sin confirmar.   Fuente: Apéndice II.4.   Infografía: Visualiza.info/Ederbide

Fuente: Mendiola eta Beaumont (2006).

Anexo 3.
Coordenadas para geolocalización

Localidad	Construcción	Coordenadas
Bera	Búnker	43°18'10''N, 01°40'46''W
	Campamento prisioneros	43°18'13''N, 01°40'54''W
Otsondo	Fortín	43°14'14''N, 01°29'50''W
	Búnker con galería	43°14'21''N, 01°29'08''W
	Línea trincheras	43°14'22''N, 01°29'55''W
	Campamento prisioneros	43°14'0''N, 01°29'54''W
Erratzu	Campamento ingenieros	43°10'51''N, 01°26'41''W
	Fortín	43°10'55''N, 01°26'39''W
	Búnker con galería	43°10'57''N, 01°26'37''W
Eugi	Búnker de ametralladoras	43°02'09''N, 01°28'08''W
Igal	Barracón	42°48'39''N, 01°02'43''W
	Monolito de memoria	42°48'22''N, 01°01'48''W
Ibañeta	Línea de trincheras	43°01'33''N, 01°18'37''W